anders leben **anders reich**

Für Bruno, Julia
und Matthias

AUTONOME PROVINZ BOZEN SÜDTIROL — PROVINCIA AUTONOMA DI BOLZANO ALTO ADIGE

Deutsche Kultur

Die Drucklegung dieses Buches wurde ermöglicht durch
die Südtiroler Landesregierung / Abteilung Deutsche Kultur.

INGA HOSP

anders
leben
anders
reich

Geschichten
von Leuten

mit Fotografien von
Cäcilia Lobis-Mian

Vorwort

Dieses Buch enthält Texte, die zu meinem Bild von Südtirol gehören. Sie sind konstituiert von Erinnerungen, Erfahrungen und Studien zu Menschen (vor allem zu Menschen!) und Gegenden des Landes, in das ich vor mehr als einem halben Jahrhundert durch Heirat eingewandert bin und in dem ich mich mit der Neugier der Publizistin und mit Interesse für Land und Leute umgeschaut habe.

Wenn ich eine Metapher finden sollte, um die Lage, die Position und zugleich die topografische Qualität des Landes zu bezeichnen, dann würde ich immer noch *Südbalkon der Alpen* darüberschreiben, obwohl es eine Fremdenverkehrsmetapher ist. Eine von den vielen, die über Südtirol in Umlauf sind. Diese ist noch am besten zu verdauen: Der Südbalkon ist ein bevorzugter Platz am Haus: luftig, sonnig, die Sicht geht weit hinaus und hinunter, da wird die Wäsche duftig trocken, der Mief der Nacht dunstet aus, und mit Fleiß und Dünger wachsen aus schmalen Blumenkästen Blütenkaskaden. Andere Topoi sind schwerer zu verdauen: Südtirol, das Land, *wo sich Knödel und Spaghetti auf engem Raum begegnen* (auf einem Teller womöglich? Wie abscheulich!). Diese Mischkulanz von „nördlicher" und „südlicher" Speise bescherte mir die *Merian*-Redaktion vor Jahren als Kopftext zu meinem Leitartikel für ihr Südtirolheft: *Wo Italien beginnt, aber noch Deutsch gesprochen wird, wo alpine und mediterrane Kultur, Knödel und Spaghetti sich auf engem Raum begegnen ...* – Kulturbegegnung von Gnaden der Gastronomie. Heute ist diese Werbelinie nicht mehr ganz so undelikat wie früher, da heißt es, in Südtirols Küche verbinde sich auf dem Teller alpine Bodenständigkeit mit mediterraner Eleganz, oder so ähnlich.

In meiner oberbayerischen Jugend fuhr ich oft *ins Tiroi,* wie man sagte. Das war eine Fahrt ins Nahe, weil ich nahe der Tiroler Grenze aufgewachsen bin, nichts Besonderes also. Immerhin war da eine bewachte Grenze und eine andere Währung. Aber das Besondere an Tirol war doch immer Südtirol, denn das war alpine Vertrautheit unter südlicher Sonne, wo man

Italien schon spürte, ohne sich mit der Fremdsprache plagen zu müssen. So irgendwie das Angenehmste von beidem: gewissermaßen *Italien ohne Italiens Schwächen.* Neuerdings von jener Marketing-Gesellschaft, die Südtirol zu verkaufen hat, bei der Werbung Richtung Norden noch betont durch die Angabe *Südtirol. Italia.* Man möchte einerseits nicht mit dem österreichischen (Nord-)Tirol verwechselt werden. Andererseits profitiert man von der Assoziation Süden. Ein Marktvorteil. Klimagunst- und Vorbotenland. Das zieht, sagen die Meinungsforscher.

Umgekehrt wirbt Südtirol in Italien *drunten* (Österreich ist *draußen)* mit den nicht-italienischen Gemüts-Ingredienzen im Geltungsbereich des Italienischen. Sauber, seriös und sehr anders, aber *si parla italiano.* Besonders zur Adventszeit, wenn die Weihnachtsmärkte mit ihrer Binnenexotik aus Loden, Schafwolle, Glühwein und Flitterkram in den Städten und Städtchen Südtirols Hunderttausende Italiener von *drunten* in Pkws, Bussen und Wohnmobilen anziehen. Oder im Sommer, nicht nur wie früher rund um *Ferragosto,* den Hochunserfrauentag, sondern seit der TV-Soap *Un passo dal cielo* und seit der Erhöhung der Dolomiten zum UNESCO-Welterbe den lieben Sommer lang.

Wahrscheinlich ist Südtirol nicht nur eine der meist bereisten, sondern auch eine der meistbeschriebenen, -gefilmten, -fotografierten Gegenden Europas. Und wer aus dem europäischen Norden kommend (Norden als alles, was in Europa nördlich der Alpen liegt) Italien zustrebt und nicht absichtlich hohe Alpenübergänge ansteuert, muss zwangsläufig durch Südtirol durch. Als es noch Grenzbarrieren gab am Brenner, also zur Pass- und Zollkontrolle angehalten werden musste, da tranken die deutschen Italienurlauber dort ihren ersten Espresso und radebrechten: *Uno espresso prego,* manche schrieben auch eine erste Ansichtskarte *(Bacci di Italia).* Und dann nix wie hinunter an die Adria – oder ihren Vorposten, den Lago di Garda. Ostern bis Oktober, mindestens. Solche Eile, solche Ungeduld!

Die Gegenwelt, weiterhin prospekttauglich, ist indessen noch immer da. Fotografen und Filmleute verbreiten weiterhin gern ihr Südtirol-Bild: Der abgelegene Einzelhof auf seiner Rodungsinsel, der so gut wie von Hand bearbeitet werden muss, und keine Zufahrt, allenfalls eine Materialseilbahn ins Tal hinunter hat. Der Selbstversorgerhof, auf dem man allenfalls Zucker, Salz und Tabak zukaufen muss.

Die Grundstoffe der meisten Speisen waren Mehl und Schmalz, dagegen trat der Genuss von Gemüse und Fleisch weit zurück ... Gekauft wurde auf dem Bauernhof nichts außer einem Sack feinem Weizenmehl, Salz und einem Zuckerhut, Kaffee und Gewürze erstand sich die Bäuerin aus dem Eiergeld.

Der das schreibt, der Volkskundler und Museumsdirektor Hans Grießmair (1938–2022), berichtet, was in seiner armen Jugend noch üblich war. Weil Krieg, Not und Bargeldmangel dazu zwangen.

Das genügsame Leben starker Menschen, die sich an die Felsen klammern (für eine „Scholle" reicht die Humusschicht ja kaum), bodenständig seit Jahrhunderten, nicht wegzukriegen und daher heimattreu bis in den Tod. Ein Bild, das zwar nicht falsch ist und, bezogen auf die Höfe (geschlossene Höfe, die als Ganzes an einen Erben weitergegeben, also nicht zerstückelt werden) auch weiter gilt, aber, bezogen auf Menschen, historisch nur für ein Segment der Bevölkerung Südtirols galt: eben für Bauern und ansässige Handwerker, nicht für Dienstboten, nicht für all jene, die, zur Arbeitsmigration gezwungen, eigentlich ihr Leben lang unterwegs sein mussten. Ein Bild, das mit Autoren wie Karl Schönherr und mit Selbstdarstellern wie Luis Trenker vergangen sein sollte, aber als Klischee am Leben gehalten wird. Wie der alte Duft aus einer leeren Parfumflasche.

Und es lässt sich gut brauchen: Filmteams, wann immer sie Südtirol schildern oder preisen oder besingen lassen (mit Beiträgen aus dem Werbeetat des Landes), gehen nach wie vor gern auf die hohen und steilen Berge, zu den hohen und steilen Einzelhöfen. Da ist zwar das Leben jetzt leichter und eine Zufahrt gibt es auch. Aber die Kamera kann immer noch Bilder von altersbraunen Balkonen, holzgetäfelten Stuben, rauchgeschwärzten Küchen und aufwendigen, langwierigen Arbeiten machen, besonders gern von der Bäuerin, wenn sie bis zu den Ellbogen im Brotteig steckt oder flink den Teig ausradelt zu intensivem Slow Food, das *Schlutzkrapfen* heißt und leicht einen halben Tag Arbeit braucht.

Noch vor 50 Jahren hatten Spaghetti und Pizza, jedenfalls bei alten Leuten, etwas von Landesverrat. Heute geht sogar der Seniorenclub zum Pizzaessen, und bei der Landwirtschaftlichen Hauptgenossenschaft kaufen die Bauern nicht nur Viehsalz und Kunstdünger, sondern auch *Pasta* im Großen und die *Pelati* für den Tomatensugo. Wenn ich auch darauf wetten würde, dann dass in Deutschland inzwischen häufiger *Spaghetti Bolognese* auf dem Tisch stehen als in Südtirol und in ganz Italien (am häufigsten als Fertiggericht, fürchte ich).

Auch die Rustikalmode holt ihre Lieblingsstücke aus dem Museum zurück: schwere Schuhe, als wären's die alten Grobgenagelten, lange Frauenkittel, geschnürte Mieder und Edelweiß: gestickt, gewebt, appliziert, gar nicht genug Edelweiß ...

Und Alpen-Musik: gar nicht zu denken ohne Trachten! Das frühe 19. Jahrhundert hatte seine Rainer-Familie, das späte 20. hat die Kastelruther Spatzen. Die Lieder und was sie besingen sind zwar unecht, aber die Tracht ist echt! Und die Abstammung! Immer noch vom Bergbauernhof.

Da steckt bei aller flachen Kopie geschmäcklerischer Reize doch noch viel drin von dem alten Euphemismus: Auf dem Berg ist der Mensch noch Mensch. Die Bergwelt, die ist noch immer die „andere" Welt der Bürger; da sagt man sich DU, das hat sich so eingebürgert. Das unverdorbene Volk der Alpen, beharrte der aus dem Kaiserhaus ausgebürgerte Erzherzog Johann, sei *das beste in unserem erschöpften Welttheile*, woraus sich Europa erneuern könne. Heute ist das Verkaufsphilosophie: Andreas Hofer forever. Treu, bodenständig, zäh. Gar nicht zäh genug kann es für uns sein. Härte fürs Guinness-Buch, das aus Südtirol immer wieder bedient wird. Und heruntergekommen zur Wahlwerbung: *STARK*. Das war das Lieblingswort des vorletzten Südtiroler Landtagswahlkampfs. Wer tiefer gehen, weiter sehen will, auch die Risse im gelackten Bild sehen will, muss zu anderen Quellen greifen, zu literarischen etwa, und da immer noch am besten zu Franz Tumler und seiner Liebe auf Abstand.

Ich gebe es zu: Meine Vorstellung von Südtirol spielt neuerdings erst recht in und mit dem Vergangenen. Dafür gibt es keine andere Erklärung als die, dass ich selbst aus sehr viel Vergangenheit und sehr wenig Zukunft bestehe. Wenn sich das Gestalten aufhört, bleibt das Betrachten übrig. Hoffentlich auch zum Nutzen derer, die noch viel Zukunft haben.

Übers Land

Eine Stoppelwiese nach dem dritten Schnitt, es sticht durch die offenen Schuhe. Frischer Wind direkt aus dem Himmelsblau. Vom Boden springt ein Regen von Grillen auf. Du könntest auch den blechgetupften Parkplatz sehen, frisch umgewühlt und noch nicht eingewachsen, oder die hellgrünen Müllsäcke, einer aufgeplatzt, gestern gab's Spaghetti. Aber du machst wieder diese Körperdrehung und schaust lieber nach der anderen Seite: vorsätzlicher Augenbetrug, Schönfärberei, hellgelbe Mauer, darauf ein bewegliches Fresko vom Schattenbild des Kornelkirschbaums. Rotes Ziegeldach, steil, über den Mauerwürfel gestülpt, darauf kokett ein Kamintürmchen wie eine Miniaturausgabe des Hauses, nur schwarz vom fettigen Ruß, steiles Satteldach darauf aus zwei mal zwei roten Ziegeln, für mehr ist kein Platz auf dem Dachreiterlein. Noch nicht genug Farben: Über dem roten Dach, wie aus dem Werbeprospekt, Himmel aquamarin, und selbst das reicht noch nicht: Es muss noch die scharfgrüne Lärche hinein, die mit ihren Windfahnen im Blau flattert. Der Schwartenzaun um den rechteckigen Bauerngarten ist grau gebleicht, hält sich zurück, damit es drinnen umso mehr leuchten kann, zinnienrot, asternrosa, ringelblumengelb und bohnengrün, rübenrot, karfiolweiß und salbeisilbern. Darüber Sonnenblumen, ordinärgelb, locken nickend Bienenkundschaft an.

Auf dem weißen Fensterbrett hinterm weißen Gitter, vor halb geöffnetem weißem Fensterflügel eine Tomate zwischen grün und rot zum Nachreifen, lilarosa Fuchsienglocken daneben. Am Kirschbaum zwischen dem grünen Laub hängt ein Mohnbündel, die Kapseln entfärbt, fahl wie gebleichtes Gebein, streuen Asche über den Sommer.

✤ DER LEHRER

What a change!, ruft der englische Reiseschriftsteller aus seinem Artikel. Welch ein Wandel! Und vergleicht heute mit früher: Heute ist 1875. Die Eisenbahn dampft durchs Tal und zieht die Fremden nach. Das Toblacher Feld ist bestellt, das fashionable Südbahnhotel schließt Bedürftige zwar aus, aber bietet jenen, die seiner bedürfen, den Luxus eines neuen gesellschaftlichen Schauplatzes. Die Gouvernanten parlieren Französisch und sömmern flatternde Fräuleins, Missen und Signorinen in weißen Blusen und Florentiner Strohhüten.

Aber reihum werden Bauerngüter versteigert und kumulieren die Katastrophen: viermal Hochwasser in sieben Jahren, Missernten, Billigimporte aus Ungarn und Nordamerika; sie verderben die Preise und machen die Schuldenlast noch schwerer.

Beim Bindterbauern wird auch in den schweren Zeiten Musik gemacht: Acht Kinder, das ist schließlich schon fast ein Chor und leicht eine Böhmische. Der Älteste, Sebastian, erbt vom Vater den Namen und die Passion für die Musik. Bei der 1882er Überschwemmung ist er noch daheim; während die Gästeschwemme eintritt, ist der Bub schon in Neustift auf der Knabensingschule. Das Studentl muss jedenfalls dazuverdienen, ist Ministrant in Schalders und dann Nachhilfelehrer in Bozen, wo er einen Platz auf der Lehrerbildungsanstalt bekommt und, natürlich, einen Kostplatz für den wohltätigen Mittagstisch. Vier Jahre Studium für nur 18 Gulden aus der Familienschatulle, Klavier- und Orgelunterricht inklusive.

Der Junglehrer arbeitet sich planmäßig aus der Fremde wieder auf die Heimat zu: St. Andrä, Sexten und dann Toblach. Der Bindtersohn ist zur Stelle, als eine Stelle frei wird. Bald ist er auch Schulleiter, Chordirigent, Kapellmeister. Der Lehrer als Privatmensch? Undenkbar. Noch in seinen Liebhabereien ist er „öffentlich": Imker, Verschönerer des Dorfs, Trachtenpionier.

Mit vollem Klang aus Kehlen und Schallbechern geht es ins neue Jahrhundert. Und der Tourismus bringt einen Schub Modernität ins

Tal, ein Prozess, der auch von den Granaten des Weltkriegs nicht zum Stillstand gebracht werden kann. Der Lehrer und Chorleiter reagiert auch darauf musikalisch: Er gründet ein Salonorchester von 18 Mann und ein Salonquartett dazu.

Einige Jahre später gehört der Lehrer, streng genommen, zu den Gemeindearmen. Die magere Besoldung versiegt. Der von den faschistischen Behörden Zwangspensionierte muss sich mit Frau und fünf Kindern noch mehr einschränken. Dafür komponiert er opulent: Marienlieder, Predigtlieder, ein Requiem, Messen vor allem für alle festlichen Anlässe. Chorsänger kennen sie noch heute.

Seine Beisetzung 1947 ist eine Liebesfeier von denkwürdigem Ausmaß, eines jener Leichenbegängnisse, für die dem Reporter der Lokalzeitung die Metapher von der *unabsehbaren Menge von Leidtragenden* nicht zu groß erscheint: Schulkinder und Männerbund, Feuerwehr und Jäger, Imker und Lehrer, Musiker und Kranzträger und Chorsänger und 26 Priester. Und zwei Ämter mit reichlich Musik des Verabschiedeten. So dankt die Ortsgemeinschaft dem, der ihr mehr als den üblichen Obolus an Zugehörigkeit gegeben hat, einem, der seinen ganzen, früh entstandenen und, so scheint es im Rückblick, nie korrigierten Lebensentwurf auf die Gemeinschaft hin orientiert hat. Wie anders wäre er zu nennen als reich?

❧ NOCH EIN LEHRER

Es war einmal ein Dorf, wo keiner, der ausging, seine Haustür versperrte, wo die Kinder mit selbst gemachten *Speckern* um Kleiderknöpfe spielten und im März Freudenfeuer anzündeten, um den Winter zu verbrennen.

Es war einmal ein Dorf, wo ein Kübel Zisternenwasser eine von weither getragene Kostbarkeit sein konnte, wo einer als Dieb galt, der ein Stückchen Brot oder Zucker stibitzte, wo die Kinder Kirchtag hatten, wenn es zu den allgegenwärtigen Erdäpfeln auch ein wenig *Polenta* gab, und wo man um ein Holzgeschirr voll erbetttelter Ziegenmolke stundenlang zu einer Alm aufstieg.

Und wie alles Glück und alle Not der Märchen einmal im tieferen Sinn wahr gewesen sind, so ist wohl auch das Leben in dem Dorf Lusern, wie Matthäus Nicolussi (1852–1922) es in seinen Erinnerungen geschildert hat, einmal wahr gewesen: wie gehaust wurde in dem halb unterirdischen Häuschen am steilen Hang unterm ewig undichten Schindeldach, um die offene Feuerstelle, auf dem Fußboden aus festgestampfter Erde, und wie geschlafen wurde in der strohgefüllten Bettlade der kleinen und auf dem zugigen, schneeüberstäubten Dachboden der größeren Kinder.

Später, als das *Mattiale* schon ein Lehrerstudent in Innsbruck war, wie er sich durchzuhungern hatte bei mehr oder weniger wohltätigen Kostgebern, jeden Tag woanders, am Samstag zu Fuß hinaus bis fast an den Fuß des Bergisel, *bei Herrn Universitätsprofessor von Ficker in Wilten; Milchreis, nur Mittagessen. Der Milchreis wurde auf dem Gange in einem Tiegel auf den Tisch gestellt und zwei andere Studenten aßen mit mir aus demselben Geschirr mit dem eigenen Löffel, den jeder in der inneren Rocktasche mitbrachte.*

Vier Jahre lang jeden Samstag Milchreis und etliche Löcher im Kostplan, viele Löcher in den Schuhen, den Hosen und vor allem im Magen, die allenfalls durch Anstehen um eine Klostersuppe notdürftig zu stopfen waren. Und eine Hausfrau, die dem Studentl auch noch die hungrigen Augen verdarb, indem sie die Petroleumflamme aufs billigste Minimum herunterdrehte.

Später, als der fertige Lehrer nach der Kreuzerzählerei seiner Anfangsjahre in armseligen Klassenkammern und Wohnhütten endlich seine feste Anstellung in der deutschen *Staatsvolksschule* in Trient innehat, da ist auch eine Familie mit vier Kindern zu ernähren und wieder jeder Gulden zweimal umzudrehen und auch noch für die verwitwete Mutter in Lusern eine Kleinigkeit abzuzweigen, was sie, statt es für ihre eigene Bequemlichkeit auszugeben, wiederum für den Sohn hortet, um es ihm auf dem Totenbett zurückzugeben.

Ein herbes Lebensmärchen, lakonisch und schmucklos erzählt, wenn auch nicht ohne didaktischen Zeigefinger des Lehrers gegen Laster wie Alkoholismus oder Prügelstrafe. Und wie es sich für das Buch eines Lehrers ebenfalls gehört, erfährt man, wo die Luserner die kleinen Kinder holen, wie sie, stundenweit weg vom ohnehin unerschwinglichen Arzt, Krankheiten und Verletzungen heilen, man lernt die Technik des Heustockschlafens und das Luserner Reden verstehen. Und manchmal muss man sich ein wenig zwicken, damit man nicht in den Traum von der romantischen Armut eintaucht, der einen auch beim Lesen von Lebensgeschichten aus Irland oder Island so schön einlullen kann, bis die Märchenmetapher von den armen aber glücklichen Leuten in der kargen heilen Welt daherkommt. Nein, die *bleckete Noat* ist nirgends schön gewesen, auch in Lusern nicht.

Aber die in Lusern arm waren, waren doch noch ärmer als anderswo, weil sie nicht einmal in der Sprache daheim sein durften. Nur wäre es zu einfach, lediglich die eine Armut zu beklagen, die daher gekommen ist, dass die Luserner (wie ihre „zimbrischen" Nachbarn im Fersental und in den Sieben und Dreizehn Gemeinden) bis in die 1860er-Jahre keine Schulen in deutscher Sprache hatten. Der Lehrer Nicolussi hätte aber schon gewusst, wie die Schule für seine Landsleute hätte beschaffen sein müssen, um ihnen nützlich zu sein:

Vor Einführung der deutschen Schule lernten die Kinder das wenige Italienisch, dessen sie in ihrem späteren Leben bedurften, in der bisherigen ital. Schule, während die Haussprache Deutsch blieb. Weil aber im Lehrplane der nunmehrigen deutschen Schule die ital. Sprache keine Berücksichtigung fand, so fingen die deutschen Eltern an, mit ihren Kindern Italienisch zu sprechen, damit sie die für sie notwendige Sprache lernen. Wenn aber in der Familie Italienisch gesprochen wird, so wird wohl niemand behaupten können, dass diese noch deutsch ist. So hat die deutsche Schule zur Verwelschung beigetragen. Hätte man aber im Lehrplane der deutschen Schule dem Unterrichte in der zweiten Landessprache ein wenn auch bescheidenes Plätzchen eingeräumt, so wäre die Haussprache heute noch Deutsch ...

Wenn Regenwolken die andere Talseite des Astachtals verhüllen, scheint das Dorf Lusern zwischen Himmel und Abgrund in der Luft zu hängen. Vom Friedhof, der mitsamt der Kirche am äußersten Rand des Berghanges klebt, geht der Blick ins Leere. Ebene Feldflächen waren nur zu gewinnen, indem man das steile Gelände mit Mauern kunstvoll terrassierte. Aber darin sind die Luserner seit Langem Meister: Schön gefügte Mauern findet man überall im Dorf und ringsum. Auch auf dem Friedhof gibt es schöne Beispiele für die Handwerkskunst der örtlichen Steinmaurer. Hammer und Meißel gehören auch ins Luserner Gemeindewappen. Die meisten Grabinschriften tragen den Namen Nicolussi. Matthäus Nicolussi ist nicht dabei. Er hat sein Grab auf dem Grieser Friedhof in Bozen.

❧ DER VERMITTLER

Das Vermitteln ist jetzt digitalisiert: Allerlei Plattformen vermitteln zwischen Suchern und Anbietern, und anschließend wandern massenhaft Pakete zu Post und Zustelldiensten und weiter zu den Käufern von allerlei Sachen.

Hin und wieder werden Geschäfte noch eigens vermittelt, etwa beim Viehmarkt auf dem Sarner Kirchtag oder an Barthlmä auf der Rittner Alm. Kein Vergleich mit früher, als das Vermitteln geradezu ein Beruf war und die Vermittler das zärtliche Prädikat *Schmuser* trugen. *Schmuser* vermittelten Kühe, Kälber, Pferde von Verkaufswilligen an Kaufwillige, aber auch Bauerntöchter an Bauernsöhne. Dann verhalf der *Schmuser* im geglückten Fall wohl auch zum Schmusen, vor allem aber zum Heiraten und durfte dann vielleicht sogar den Hochzeitslader spielen, alles gegen Gebühr, den „Schmuserlohn".

Selbstverständlich gibt es auch Kulturvermittler (wenn sie auch nicht *Schmuser* heißen), das Fach lässt sich akademisch studieren, aber bei einigen ganz seltenen Exemplaren wächst das Vermitteln sogar tief in die Persönlichkeit ein. Ein solches Exemplar heißt Marjan Cescutti,

Altphilologe und viele Jahre lang Präsident des Südtiroler Kulturinstituts in Bozen.

So ist diese Marginalie auch eine „Marjanalie" übers Senden und Empfangen, einem Kommunikator zur Ehr', der ganz ohne *Schmuserlohn* zur eigenen Freud' und zum Dienst an Kultur und Wissen zwischen Menschen und Menschen vermittelt, Menschen an Inhalte vermittelt und Inhalten Menschen zuordnet, wenn die nur wollen.

Einmal war er der Vermittler in einem Film über die Landschaft seiner Liebe, den Vinschgau. Die Landschaft seiner dreifachen Liebe, weil er den Vinschgau mittels seiner Neigung, seines ungeheuren Wissens und mittels seiner Paula liebt, die aus Göflan bei Schlanders stammt. Da kam heraus, wie viele Publikationen, meist Bücher, er allein zu Vinschgauer Themen angeregt hat: Der Stapel wuchs im Film zu einer veritablen Säule.

Ein Kommunikator von Marjans Rang hat möglicherweise eine besondere Hirnstruktur: Ein Hirn mit besonders vielen, durch stetes Training besonders reich und wandelbar verknüpften Synapsen. Ein Querverbindungshirn, das nicht alles mit allem verknüpft (das wäre ihm vermutlich zu esoterisch), sondern Geeignetes mit Geeignetem. Was dabei entsteht, ist Mehrfachnutzen: intellektuelles Vergnügen für ihn selbst, freudvolle Arbeit für diejenigen, die er auf etwas angesetzt hat, und Wissenszuwachs für Interessierte.

Interessierte sind Leute, mit denen Marjan am liebsten kommuniziert und denen er die Erzeugnisse seiner Vermittlungstätigkeit anbietet. Neugierige Menschen mit einer ähnlichen Hirnstruktur.

Einmal hatte er für eine Ausstellung in der Kommende Lengmoos die Schriftkünstlerin Helga Ladurner vermittelt. Die Ausstellung ist zustande gekommen, er hat sie mit einer gescheiten Rede eröffnet, und wer sich auf die Bilder eingelassen hat, konnte das Vergnügen erfahren, an Ort und Stelle eine Art Emergenz zu erleben – nämlich, wie aus dem inständigen Betrachten schöner und kunstfertiger Schreibspuren nach und nach ein Satz auftaucht: „Am schnellsten hört auf, was als Schönstes da ist."

Einem Francis Thompson ist der Satz zugeschrieben. Sofort entsteht Interesse, ja Neugier. Wer ist Francis Thompson? Was ist es an dem Satz, dieser im Grunde banalen, höchst allgemeinen Einsicht, das die Künstlerin angezogen hat? Der Name legt nahe, dass der Spruch ins Deutsche nur übersetzt ist, vielleicht auch aus einem größeren poetischen Zusammenhang genommen. Und wieder: Wer ist Francis Thompson? Jetzt kommt das Schönste: die Recherche. Am Ende der Recherche steht zweifacher Gewinn: ein Ausgriff ins Neue, eine persönliche Entdeckung; und ein überraschender Bogenschluss, eine Wiederentdeckung im Bekannten. In beiden Fällen spielt die Mentorgestalt eine wichtige Rolle. Der Kommunikator. Der Vermittler.

Francis Thompson ist ein empfindsamer englischer Poet des Fin de Siècle, 1907 mit 47 Jahren gestorben, verkrachter Theologie- und Medizinstudent, arm, tiefreligiös, ein obdachloser Opiumjunkie. Ohne seinen Mentor Wilfrid Meynell, den Herausgeber einer katholischen Zeitschrift namens *Merry England*, hätte Thompson nicht jene produktiven, opiumfreien vier Jahre gehabt, in denen er seine Gedichte geschrieben hat – und sein wichtigstes: *The Hound of Heaven,* zu Deutsch: *Der Jagdhund des Himmels,* übertragen von Theodor Haecker, Innsbruck 1925. Da schließt sich der Bogen. Theodor Haecker, der *Brenner*-Mitarbeiter und sprachmächtige katholische Autor zwischen den Kriegen, Übersetzer von Vergil, von Kierkegaard, von Francis Thompson also auch, entschiedener Kritiker des Nationalsozialismus, Innsbrucker Mentor von Hans und Sophie Scholl. Ein Gottsucher wie Thompson, der Vergil als eine *anima naturaliter christiana* verehrte.

Gleich wie er, Marjan Cescutti: Mentor, Vermittler, Kommunikator.

❧ DIE ENZIANTHRES

Ein ansehnliches Panorama zackiger Bergspitzen gehört zur alltäglichen Kulisse von Toblach. Auf dem breiten, sonnigen Toblacher Feld liegt eine Hauptwasserscheide der Alpen: Hier entspringt die Rienz, fließt westwärts über Eisack und Etsch ins Adriatische Meer, hier entspringt auch die Drau, die ostwärts über die Donau ins Schwarze Meer mündet. In den Prospekten wird meist mit dem in die Dolomiten weisenden Südpanorama geworben, mit Winterfreuden und Sommersonne, mit Höhenwegen, Sesselliften, Bootsfahrten und Gustav Mahler, der auf dem Trenkerhof in Altschluderbach sein Komponierhäuschen hatte. Von dort geht der Blick nach Norden, auf die sanfteren Konturen des Silvestertals. Da ist Wald und Almland und bald die Grenze ins benachbarte Osttirol – und da ist die Enzianhütte, drinnen hinter Wahlen. Ein Wirtshaus wie viele andere, so scheint es, vielleicht ein bisschen einsamer gelegen, aber der erste Eindruck täuscht jeden Besucher, bis er sich drinnen in der hölzernen Stube des alten Wirtshauses umschaut: Da sind ja lauter Defreggergestalten an den Wänden!

Nun ja, es ist nicht weit bis in die Gegend von Lienz, wo der berühmte Maler daheim war, Franz Defregger, geboren 1835, ein zur Malerei spät berufener Bauernsohn, der in München in den hehren Kreis der Historienmaler um Piloty und Lenbach aufgenommen wurde und seinerseits als Historien- und Bauernmaler eine beispiellose Karriere machte: Akademieprofessor auf Lebenszeit, von König Ludwig II. zum Ritter von Defregger erhoben. Welche Ehrung wäre ihm nicht zuteilgeworden! In welchem Palais wäre er nicht willkommen gewesen! Aber in dieser Stubenecke hat er sich besonders wohlgefühlt.

Nicht anders als der gefürchtete Theaterkritiker des Naturalismus, Alfred Kerr, der von seiner Italienreise am 19. August 1900 nach Königsberg berichtet, er habe bei der *Enzian-Theres* Station gemacht, während gegenüber im Goldenen Stern Nathaniel Rothschild aus Wien Hof halte, *alt und krank, aber mit 2 Köchinnen, einem Pianisten, einem Leibarzt etc., insgesamt 21 Personen.* Seine Reiseberichte sind gespickt mit solchen Schlaglichtern auf die Sozialgeschichte seiner Zeit.

Die Enzianthres meiner Erinnerung ist die der 1970-er Jahre, wie sie, 1885 geboren, also schon in ihren Neunzigern, gebückt aber resolut in der Stube kauerte und kleine künstliche Blumensträußlein band,

als Ersatzbefriedigung dafür, dass sie nun nicht mehr selbst hinauf-
konnte auf die Almwiesen zum Kräutersammeln und Enzianwur-
zelstechen.

Mit der Schnapsbrennerei war sie schon von ihren Eltern her verbunden gewesen. Geboren in Mayrhofen im Zillertal, früh gewöhnt
an den kleinen Grenzverkehr zwischen den Tälern von Nord-, Süd-
und Osttirol, schon damals, als da noch gar keine Staatsgrenze war.
Damals ging man nur *übers Joch*, blieb aber im gleichen Land. Dann
musste man plötzlich über eine Staatsgrenze, wenn man zur Enzianhütte wollte, und mit der Pension war es auch nichts, weil sie ja Öster-
reicherin war.

Geheiratet hatte die Thres 1913 in Mayrhofen, aber nach 13 Jahren
schon war sie Witwe und hatte eine Stube voll Kinder. Da galt es denn,
selbst Ernährerin zu sein, und was lag näher als die Enzianbrennerei,
da doch die Wurzeln überall gediehen.

Bloß mit den Grenzern und Finanzern war es oft ein *Gfrett*. Einmal sei
sie mit einem ganzen Rucksack voller Enzianflaschen im Zug gesessen.
Und schon kamen argwöhnisch die Finanzer daher. Da aber habe sie
listig mit einem alten Schuster den Rucksack getauscht, und als die
Finanzer bei ihr nichts als alte Stiefel gefunden hätten statt des ver-
hofften Schmuggel-Enzelers, da habe sie doch *teiflisch* lachen müssen.

Die Enzianthres hatte ihre eigene Zeitrechnung. Die Zeitenwende
war für sie *die Überschwemmung*. Damals begrub das Hochwasser
vom nahen Bach die alte Enzianhütte mannshoch in Wasser und
Schlamm. Umbauten wurden nötig, aber die alte Stube blieb und
mit ihr die Erinnerung an Defregger. Wenn er nicht selbst kommen
konnte, schrieb er Briefe in die Enzianhütte:

*Geehrte Frau Thresl! Du hast schon wieder einen Humpen Enzian-
branntwein geschickt, mir scheint, Du willst einen Schnapsbruder aus
mir machen. Tatsächlich trinke ich ab und zu ein Stamperl.*

*Frau Thres! Mit diesen Zeilen sende ich Dir ein kleines Kistl Obst und
etwas Conditorei, wofür wir wenig Sinn haben. Wie ich in der letzten
Zeit von mehreren Freunden erfahren habe, laßt Du die Fremden alle*

meine Briefe lesen, was mir sehr unangenehm ist, und Du mußt mir ver-
sprechen, das in Zukunft zu unterlassen!
Liebe Thres! Soeben kam die Sendung mit dem Enzian, eine Riesen-
flasche! Nun stehe ich wieder tief in Deiner Schuld. Wegen den Brie-
fen war ich Dir nicht böse, da ich überzeugt, daß es von Dir nicht böse
gemeint war.
Liebe Thresl! Soeben habe ich auch Deinen Brief erhalten, und es freut
mich, aus demselben zu entnehmen, daß es Dir gut geht, was man
heutzutage selden zu hören bekommt, aber Du bist eine Zillertalerin,
anspruchslos und keine Jammerbase; ich bin auch von dieser Art, denn
Jammer macht nur Beschwerden, nützt aber nichts.

Nein, eine Jammerbase war die Thres nicht, und was sie in ihren neun
Lebensjahrzehnten erlebt hat, nötigt ihr weit mehr Lächeln als Seuf-
zer ab. Als junges Mädel ist sie sogar einmal in Wien gewesen; da:
ein Foto! Die junge Thresl in der Kaiserstadt, fesch in ihrer Zillertaler Sonntagstracht. Mit der Kutsch habe man sie vom Bahnhof
abgeholt, und als sich die Tür zu der herrschaftlichen Wohnung öff-
nete, da schaut ihr der Leibhaftige entgegen: *A Möhr!* – ein kohl-
rabenschwarzer Mohr!
Überhaupt seien das sonderbare Herrschaften gewesen. Hätten hau-
fenweis Fischeier gegessen, und den Krebsen hätten sie den *Orsch*
ausgerissen, das Hinterteil.
Und dann sei halt die Plagerei gekommen: fünf Kinder großziehen
und das Wurzelstechen, ein mühseliges Geschäft. Es gebe Enzian-
wurzeln, die zwei Meter lang sind. Aber von jeder Wurzel müsse ein
Stück im Boden bleiben. Zehn Jahre dauere es, bis man an der gleichen Stelle wieder eine Wurzel stechen könne.
Die Brennerei, erzählt die Thres, ist eigentlich eine Mischerei, denn
die Wurzeln des Gelben Enzians enthalten wenig Zucker, deshalb
lässt man sie erst zwei Wochen lang mit Wasser gären und setzt dann
96-prozentigen Alkohol zu. Erst danach geht's ans Brennen. Die
Mischung kommt in den großen Kupferkessel, wird verdampft, in
Kühlschlangen wieder verflüssigt – und dann ist der richtige, gute

Enzian immer noch nicht fertig, denn der wird milder und besser, je länger man ihn lagern lässt.

Auch Obst wird in den großen Bottichen angesetzt: Himbeeren, Birnen, Zwetschgen und manchmal Hollerbeeren, die einen ebenso seltenen wie wohlschmeckenden und vor allem heilkräftigen Schnaps bringen.

Den alten Kessel hat schon der Großvater benutzt. Er wird wohl seine 250 Jahre alt sein.

Wer wissen will, wie Bitterkeit schmeckt, beiße in eine Enzianwurzel. Er wird es nie wieder tun! Die Enzianthres schwor allerdings, dass eine Enzianwurzel süß schmecke, wenn man nur fest mit Enzianschnaps nachspüle.

Überhaupt war der Enzian nirgends wegzudenken aus der Lebensphilosophie der Thres: Das einzig Wichtige im Leben sei, dass der Blasbalg, der Auspuff und die Wasserleitung in Ordnung seien. Dabei hat sie immer auf die entsprechenden Körperteile gezeigt und mit einem Schluck Enzian nachgespült.

Die vielen Buckelkörbe, das viele Bücken und die schweren Schnapsflaschenrucksäcke haben sie krummgezogen, aber die Heiterkeit haben sie ihr nicht austreiben können. Ihre Lebensweisheit war einfach, ihre Lebensweise nicht minder. Und wenn man sie nach ihren Lieblingsspeisen fragt, nennt sie Zillertaler Kasknödel und Popcorn.

✤ DER WAALER

Wer es mit der Natur gut meint, der tut ihr immerhin die Ehre an, sie als Partnerin neben sich selbst zu stellen: der Mensch und die Natur. Aber dennoch, welche Überheblichkeit, die so tut, als unterscheide sich der Mensch von der Natur!

In Gegenden, wo die Menschen in besonderer Weise auf die Natur angewiesen sind, ist dieser Zusammenhang Tag für Tag zu spüren. Kein Sein ohne Wasser! Das weiß man im Vinschgau besonders gut.

Also heißt das Lebensgesetz für jeden, der hier Land bebaut, ob Edel- oder Staudenvinschger, vom unteren oder oberen Vinschgau: Beim Wasser muss Ordnung sein. Mit diesem unverbrüchlichen Gesetz lebt man im regenarmen Vinschgau seit mehr als 1000 Jahren – denn ein Feld ohne Wasser ist nichts wert. Und wie die Naturlandschaft von der Trockenheit, so ist die Kulturlandschaft bis in die jüngste Vergangenheit von den Waalen, den offenen Bewässerungskanälen geprägt. Was der Vinschgau ist, er konnte es nur mit den Waalen werden.

Beim Wasser muss Ordnung sein. Das galt auch im Lärchenhain zwischen Laas und Allitz, wo der Waaler zuletzt seinen Dienst getan hat. Nach ihm ist keiner mehr gekommen; die Waalerei hat sich dort aufgehört, wie er sagt. Zwar gibt es noch Waale und die Touristen lieben sie als nahezu ebene Spazierwege mit Plätscherbegleitung. Aber das „Wasserwasser" (erst mit hellem, dann mit dunklem a) fließt nun in die Tropf- und die Überkronenbewässerung.

Vor dem letzten Waaler waren viele, und die Buchführung haben sie alle von Amts wegen immer schon mit Fleiß betrieben, wenn auch nicht immer in buchhalterischer Nüchternheit.

Wer Wasser wollte, hatte sich an die Regeln zu halten, hatte brav und untertänig beim Waaler zu erscheinen (und wäre es in tiefer Nacht gewesen), seinen „Leaßlzettel" vorzuweisen und ums Wasser zu bitten. Und der Waaler hatte da und wach zu sein und dafür zu sorgen, dass das Wasser zur festgesetzten Stunde beim Bewerber eintraf, präzis wie die pochende Waalschelle. Wenn ein Waaler verschlief, dann hat es um drei Minuten Wasser schweren Streit geben können.

Beim Wasser muss Ordnung sein, und alles war exakt eingeteilt, alle die Wasser mit ihren Namen und die Sonnenzeichen, die den Tag aufteilen halfen. „Wasserer" unter sich hatten ihre eigene hermetische Sprache, die mit der Waalerei verklungen ist.

Wachsam also musste der Waaler sein und viel unterwegs, den Wasserlauf zu kontrollieren, undichte Stellen zu reparieren, Schächte und Sandfänge zu reinigen, die Waalschellen in Gang zu halten, die Verteilerschieber zu betätigen und funktionstüchtig zu halten und die

Wasserverteilung zu überwachen. Er tat es gewissenhaft, denn er hatte seinen Auftrag von der ganzen Gemeinschaft, und ihr war er Rechenschaft schuldig. Aber er tat es auch würdevoll und bedächtig, denn er war sicher, ganz unentbehrlich zu sein, gleich wichtig wie die „Waaleruhr", nach der sich alles zu richten hatte: der Waaler, die „Wasserer", sogar das Wasser selbst. Die „Waaleruhr" war weder analog noch digital, ihr Zifferblatt bestand aus Sonnen- und Schattenzeichen von weit sichtbaren Höfen oder anderen markanten Punkten in der Landschaft. Mündlich überliefert waren diese Zeichen in ganz alter Zeit, später legte man sie und die Wasserrechte in den Waalerbüchern nieder. Für jede Parzelle Beginn und Dauer der Bewässerung, wie lange einer „mit dem Wasser fahren" dürfe, denn im Vinschgau war das Wasserkomitee, was man anderswo nur dem lieben Gott zugesteht: Herr über die Zeit. Der Waaler hatte der Zeit die Zeichen gesetzt, ihr aber auch etwas entgegengesetzt in seinen eigenen Büchern, in denen er mit bedachtsamer, gestochener Handschrift und in feiner Zeichnung Geräte, Bräuche und Meinungen festgehalten hatte, damit nicht alles verlorengehe, damit die Zeit nicht gleich dem Wasser alles spurlos mit sich wegführe.

Am Ende war der Waaler selbst ein Teil seiner Chronik: etwas Abgekommenes, denn die Waalerei hat sich aufgehört. Sie ist *abgegangen*, sagte der Waaler, und meinte damit etwas, das so endgültig ist wie der Tod. Wenn sie in irgendeiner Weise wieder aufersteht mit dem UNESCO-Prädikat des Weltkulturerbes, dann wird sie nicht mehr die des Waalers sein, bestenfalls eine andere.

✣ MARIENBERGER ZEIT

Dem Vinschgauer Licht sagt man eine eigene Qualität nach, die mit der Regenarmut dieser Landschaft zu tun hat. Die Vinschgauer Musik komponieren (wo es still genug ist, sie zu hören) immer noch die Waale, reich moduliert durch Fließgeschwindigkeit und Art der Fassung.

Das Vinschgauer Benediktinerkloster Marienberg in seiner weißen Barockpracht, hoch am Steilhang über Burgeis und hoch über
der schrägen Tafel der Malser Haide, Festung des Glaubens und der
gebotenen Regelmäßigkeit, hat seine eigene Zeit.
Das *Ora et labora* darf aber hier nicht nur als Aufruf zur Zeitdisziplin,
sondern auch als Quelle großer Erleichterung gelesen werden, denn
der Arbeitstag der Sklaven, von Sonnenaufgang bis Sonnenunter-
gang, wurde bekanntlich vom benediktinischen Kloster aus begrenzt,
rationalisiert und humanisiert:
*Die Zeit wird reguliert und damit qualifiziert. Der Wert des Tuns wird
messbar. Statt herumzuirren und auf Gnade zu hoffen, kann der Einzelne
in der gemeinsamen Arbeit seinen Wert beweisen. Aus der möglichen
Erlösung ... wird ein Heilsplan ... Pünktlichkeit wird zu einem neuen
Ideal. Das Mittel, mit dem sie kontrolliert wird ... das Horologium, die
Uhr, musste verbessert werden.* (Peter Gendolla)
Die alten, unverlässlichen Wasseruhren werden also durch Räder-
uhren ersetzt. Der nächste große Schritt, Fort-Schritt in der Zeit-
regelung, geschieht durch die Synchronisation von Glocke und Uhr.
Wieder Peter Gendolla:
Es beginnt die Rede von der Welt als Uhr.
In Marienberg ist Anlass für die Frage, warum die Zeit hier durch so
außergewöhnlich viele Uhren gemessen wird: Die hat ein Abt der vorletzten Jahrhundertwende gesammelt, der so sprechend wie geheim-
nisvoll Leo Treuinfels heißt.
Das großartigste Uhrenwerk allerdings befindet sich im Turm, und
von dem aus werden im ganzen Kloster neun Zifferblätter bedient,
angetrieben über Gestänge und Zahnräder, und wenn man sich Zeit
lässt, kann man beobachten, wie die Stange jede Minute einen Ruck
macht, wie ein Zahnrad sich dreht und seine Bewegung den Zeigern
weitergibt.
Für den Marienberger Pater Martin Angerer war es gewiss:
*Wir haben uns mit vielerlei Dingen zu beschäftigen, und da tut es gut,
zu bestimmten Tageszeiten daran erinnert zu werden, worauf das alles*

hinauslaufen soll. In einem Hymnus heißt es sehr schön: Und jener letzte Morgen einst, den wir ersehnen in Geduld, er finde wachend uns beim Lob und überschütte uns mit Licht!

Auch in Marienberg gibt die Zeit kein Geheimnis preis, sie vergeht nicht langsamer oder ist gar stehen geblieben, wie man es oft über abgelegene Orte wie diesen liest und hört. Auch die Mönche sind eingespannt in die Zeitklammer, in die Periodik des Naturgeschehens, über die sie ihre eigene Regelung gelegt haben, das *Bete und arbeite!*, den Rhythmus von Beschaulichkeit und Anstrengung.

Das Zerteilen der Zeit sei die Ursache für die Beschleunigung des Lebens, kann man lesen. Aber die Beschleunigung kommt wohl nur davon, dass beim Zerteilen der Zeit die Abschnitte der Muße vergessen werden. Und „Abschnitte" von Muße meint das benediktinische Zeitverständnis, nicht Verlangsamung bis zum Stillstand, wie in den asketischen Lebensformen Asiens oder des frühen abendländischen Mönchtums.

Der Mensch zwischen Raserei und Stillstand. Eine zerreißende Erfahrung, die Seneca in der Metapher vom *hospes*, dem Gast auf Erden, beschrieben hat. In die reißende, gierige Zeit geworfen, hängt der Mensch in einem Punkt der rasenden Zeit und kann sich nirgends festhalten.

Es sei denn, er hätte den Anhalt der Marienberger Engel: Als der Freskomaler sie vor mehr als 800 Jahren ins Lapislazuliblau des Kryptagewölbes gemalt hat, da vergaß er nicht, auf einer Wand auch das himmlische Jerusalem darzustellen, als außerzeitliche neue Schöpfung nach der Zerstörung der Welt und der Wiederkehr Christi, als endlich zum Stillstand gekommene Zeit.

In Marienberg plagt sich niemand mit beunruhigenden Fragen nach einem Urknall, nach einem expandierenden oder einmal wieder zusammenschnurrenden oder gar zwischen den Extremen schwingenden Universum. Das ruhige Gleichmaß von frommer Muße und Arbeit dämpft die Aufgeregtheiten des Lebens, Unordnung beruhigt sich zu Gelassenheit, die keine bohrenden Fragen stellt, weil sie alle Antworten im Glauben findet.

✣ DIE WIDUMHÄUSERIN

Ein schimmerndes Dorf auf einsamer Felsenklippe rühmt ein schwerromantischer Heimatschriftsteller das Dorf Wangen, das da am Westhang der Talferschlucht hängt, mit Siedlungsspuren bis weit in die Vorzeit zurück, etwa am bizarren Felskegel des Johanneskofels, dessen grausige Schroffheit immerhin obendrauf durch ein gotisches Kirchlein ein wenig besänftigt wird. Später waren es dann die Herren von Wangen, die der Gegend ihr Siegel aufdrückten, mehr noch die Mühen der Bauern, die die Kulturlandschaft formten.

Denn Wangen ist viel mehr als der kompakte Dorfkern mit der Peterskirche auf ihrem Hügel, dem Vigiliuskirchlein zu seinen Füßen und der Handvoll Dorfbauern, die darum geschart sind: Wangen reicht mit all seinen einsamen Hof-Inseln über 1400 Höhenmeter vom Talferfluss auf dem Boden der Sarner Schlucht bis hinauf in die Zirbenwälder. Früher war es eine eigene Gemeinde, weshalb die alten Wangener heute noch sagen, sie führen auf den Ritten hinüber, wenn sie in den Gemeinde-Hauptort Klobenstein müssen. Und seit sie das praktische kleine, direkte Sträßlein hinunter auf die Sarner Talstraße haben, fahren sie sogar zum Einkaufen lieber in den Sarntaler Hauptort Sarnthein.

Jedenfalls geht alles, was man in Wangen zu Fuß zu erledigen hat, in die Füße: Herzklopfen beim Auf- und Kniezittern beim Niedersteigen. Ein Samstagnachmittag in den 1980ern, Nachweihnachtszeit. Auf dem Wangener Kirchbichl liegt die eisige Sonne eines schneelosen Wintertages, und wie fast immer pfeift kalter Wind um den Turm der Peterskirche und durch die kahlen Äste der Apfelbäume neben dem Pfarrhaus, dem Widum, an dem die Fensterläden geschlossen sind, als verberge sich drinnen noch immer ein berühmter Mann vor seinen Verfolgern.

In der Kirche packt eine alte Frau die Krippenfiguren zusammen. Wer's drauf anlegt, kommt leicht mit ihr ins Gespräch. Die Wangener Pfarrhäuserin Ursula Kaserer gehört nicht zu den Wortkargen.

Sie weiß Bescheid über die letzte Restaurierung und sie kennt die ganze übrige Geschichte des kleinen Gotteshauses. Sie ist mit all seinen Winkeln vertraut, weil sie in einen jeden schon hundertmal hineingekrochen ist – beim Putzen, das auch an diesem Samstag noch ansteht. Sie weiß, wie die Alarmanlage zu bedienen ist, mit der die bescheidenen Schätze der Kirche geschützt sind, sie bedient schon um fünf Uhr früh das Geläut und ebenso die Schweindln und die Kühe drüben im Stall des Pfarrers. Sie hilft den Kindern beim Gottesdienst beten und singen und dem Pfarrer beim Zelebrieren und macht es ihm auch im Widum behaglich und im Sommer zusätzlich den klösterlichen Sommerfrischlern aus dem Deutschordenskonvent von Lana. Es ist kaum anzunehmen, dass je einer von den Schutzbefohlenen der Ursula Kaserer ein „sieriges" Gesicht von ihr zu sehen bekommen hat, denn sie nimmt, was ihr auferlegt ist, als das, wozu sie der liebe Gott bestellt hat. Und das ist Ordnung.

Sie ist schon ein gutes Stück über die 70 hinaus. 19 Jahre hat sie daheim verbracht beim Aspmayr weiter unten am steilen Hang gegen die Talferschlucht. Den ganzen großen Rest seither verbringt sie nun schon im Wangener Pfarrwidum, getreu ihrem selbstgemachten Lebensmotto, man habe selbst den größten Schaden, wenn man auswärts gehe.

Daran hält sie sich konsequent und verbringt Tag für Tag, Jahr für Jahr im Dreieck von Widum, Kirche und Stall. *Net alle Monat amal* steigt sie ins Dorf hinab, und das ist schon lange so. Ein paar Reisen hat sie zwar gemacht, nach Lourdes und Fatima die weitesten. Und dann war sie auch 15 Jahre lang *die Poscht* von Wangen, und das ist hier ja auch eine Art Reise, hoch hinauf und tief hinunter.

Ein Dasein am Rand der bewohnten Welt? Genügsame Tristesse im Alltagstrott? Keine Spur! Und kein Platz für frustriertes Grübeln und kein Anlass. Denn *eppes zu lachn* findet sie allemal, und auch das Abenteuerliche, das Prickelnde hat es darin gegeben. Sie hat nicht einmal auswärts danach suchen müssen, denn am 10. September 1943 kam die Gefahr leibhaftig ins Haus, weißhaarig, gescheit und berühmt: Der Kanonikus Michael Gamper, heftig verfolgt, weil er den Südtirolern in der kritischen Zeit der deutschen Besatzung in weiser Voraussicht das *Dableiben* geraten hatte und den Heim-ins-Reich-sinnigen Nazis als Volksfeind Nummer eins galt. Auf der Flucht vor der Gestapo hatte der Kanonikus die Einladung des damaligen Pfarrers P. Polykarp Obkircher angenommen und war zu Fuß und auf Schleichwegen von Bozen nach Wangen gepilgert.

Gut eineinhalb Monate lang hielten der Pfarrer und die Häuserin den gefährlichen Gast im Widum unter Verschluss. Zwischen den Jalousiebrettern der geschlossenen Fensterläden konnte er hinunterschauen in den fernen Bozner Talkessel. Tagsüber sei er von Zimmer zu Zimmer gegangen und habe hinausgelugt, erzählt Ursula Kaserer, einmal mit diebischem Vergnügen, als nämlich der Ortsgruppenleiter, der ganz ein Scharfer war, drunten im Garten den Kessel fürs Saufutter geflickt habe. *Manndl, wenn du wissesch, wer dir zuaschaugt ...!*, zitiert sie ihren Gast. Nachts wurde gewissenhaft verdunkelt.

Do sein mir allm gsessn ban Essn, sagt sie und deutet auf die spartanische Essecke in der großen Küche. Schlutzer habe er recht gern mögen, der Kanonikus, direkt aus der Pfanne, und wenn die Türglocke gegangen sei, habe sie ihn in die Speisekammer gescheucht.

Mit Speck und Bauernbrot habe sie ihn dann wieder auf die Reise gehen lassen: zu Fuß hinunter auf die Sarner Straße und dann weiter mit dem Auto nach Florenz.

Das sei schon eine kurzweilige Zeit gewesen, und die Ursula hat damals eine weitere Aufgabe zu ihren vielen anderen dazu innegehabt: Privatministrantin vom Kanonikus Gamper und „politischste" Häuserin des Landes.

Kommen und gehen sehen hat sie auch all ihre Pfarrer: den Pater Arbogast, der so viele außergewöhnliche Kenntnisse hatte, dass er noch heute als „Geistermann" im Gespräch ist, den Pater Theobald, den Pater Polykarp, dem sie 28 Jahre lang gedient hat und der so hart ins Altersheim nach Lengmoos übersiedelt ist, dass er am liebsten von Wangen *den Bichl mitgenummen* hätte, und nun ist sie beim Pater Martin, von dem sie gern sagt: *Der Pfarrer hat nix Alts, außer der Häuserin!* Und dabei ist sie so flink und geschäftig wie kaum eine Junge. Komplimente wehrt sie lachend ab – ah was, ein altes *Glump* sei sie.

Aber ihren Herrschaftsbereich hat sie sorgsam abgesteckt. Nicht darum ist ihr's zu tun, sich Arbeit vom Hals zu schaffen. Bewahre! Ihr geht's darum, ihre Kompetenzen zu hüten. Und so hat sie denn auch eine genaue Vorstellung davon, wie der Pfarrer beschaffen sein muss, damit es im Wangener Widum ein friedliches Hausen gibt: *Er redet mir nix drein! Aber wenn der Pfarrer in an jedn Hafele drin waar – de sell Schneid kaafet i an jedn o!*

❧ DER VOGELSEPP

Der Weiler Siffian am Ritten ist eine Aussichtsterrasse auf dem *Sonnenplateau* der Tourismuswerbung, ein topographischer Pleonasmus also. Ein bezaubernder Landschaftsblick vor dem Schlernmassiv ist die kleine Höfegruppe mit dem Kirchlein St. Peter allemal. Das Patrozinium weist weit zurück, der Turm in die Spätgotik, der Kirchenraum verkündet heiteres Barock und Rokoko, und auf dem Kanzeldach speit der Walfisch den Jonas mitten ins Kirchenschiff. Man möchte der Szenerie neben der Schönheit auch Bedeutung zusprechen, denn ein gutes steiles Stück unterhalb, gegen die Eisackschlucht zu, liegt auf einem Felskegel mit senkrechten Abstürzen die Burgruine Stein, die im Mittelalter Sitz der Gerichtsbehörde war.

Die Höfe stehen Kirche und Ruine im Alter in nichts nach. Gotisch gewölbte Laben, Türen mit Eselsrücken, Stuben mit Bohlenbalkendecken, Datierungen, die ein halbes Jahrtausend zurückweisen, etwa am Schrofhof, mustergültig und preisgekrönt saniert und heute in Gebrauch als Ferienwohnungen.

Die Familie Pechlaner-Fink vom benachbarten Brunnerhof, zu dem der Schrofhof seit 1905 gehört, hat mehrere Jahre lang mit allen Auflagen der Denkmalpflege und mit Unterstützung der Steinkeller-Stiftung, die sich um erhaltenswerte Höfe kümmert, an dem Objekt gewerkelt und saniert. Jetzt ist's ein Schmuckstück, samt der vollständig im Zustand des 16. Jahrhunderts erhaltenen Stube.

Bis zu seinem Tod hat dort der Vogelsepp (bürgerlich Josef Rieder, 1909–2000) gewohnt, in einem Haus, das durch eine gotische Tür mit der beiläufigen Jahreszahl 1518 betreten wurde. Das heißt, wenn man des Vorzugs teilhaftig wurde, es betreten zu dürfen, denn der Vogelsepp hatte meist ein abweisendes Schild daran hängen:

Wegen Überfüllung geschlossen!

Die Überfüllung bezog sich auf seine Kühltruhe. Wenn die überfüllt war mit Tierkadavern, dann hängte er das Schild hinaus. Der Vogelsepp war nämlich Tierpräparator, *Vogelausstopfer*, wie seine Landsleute sagten.

Wenn kein Schild an der Tür, der Vogelsepp aber dennoch nicht aufzufinden war, sagte mir seine Schwester, die ihm den Haushalt führte (und aus Kreppapier die allerschönsten Blumensträuße machen konnte), werde er wohl da hinüber in den Wald gegangen sein. Manchmal bleibe er nur ein paar Stunden aus, manchmal aber den ganzen Tag. Ich solle nur gehen und nach ihm rufen.

Ich verfolgte also den Sepp mit naturfeindlichem Gebrüll. Antwort kam keine, aber nach einiger Zeit konnte ich hinter einem Felsbrocken einen sich bewegenden langen Stecken sehen und dann, gerade noch sichtbar über dem Stein, die Augen vom Sepp, der sich erst einmal vergewisserte, ob ihn da nicht etwa schon wieder ein Jäger verfolge, der ihm einen Rehkopf, einen Auer- oder Spielhahn, ein Eichhörnchen, eine Elster oder anderes Tierzeug bringen wolle. In diesem Fall, meinte der Wiedergefundene, hätte er sich nämlich nicht sehen lassen.

Es sei schon ein rechtes Kreuz mit den Leuten, auch mit denen, die zu ihm kämen wie in ein Museum mit freiem Eintritt, mit Kind und Kegel und unstillbarem Wissensdurst, sodass er nicht und nicht zum Arbeiten komme.

Es war freilich kein Wunder, dass die Leute den Vogelsepp so gern besuchen kamen: schon allein des Hauses wegen mit der rauchgeschwärzten Küche (an der Decke war noch das Loch zu sehen, durch das der Rauch abgezogen und aufgestiegen war durch Dachgebälk und Giebel), dann der Stube wegen, die eine der ehrwürdigsten am Ritten ist. Wer dort hineinwollte und größer war als 1.60 Meter, musste sich gleich eingangs vor dem Vogelsepp verneigen, denn die Stube war seine Werkstatt, obwohl es dort sehr dunkel war wegen der Holztäfelung und der kleinen Fenster. Man sah durchs Filigran der Geranienstöcke ins Helle hinaus auf den Schlern, und wenn man den Blick wieder hereinholte, fiel er auf den wild mit Gerätschaften überhäuften Arbeitstisch und endlich auch auf den Vogelsepp: auch im Sitzen noch lang und hager, schwarzes Haar auf dem schmalen Schädel, unter der stark gewölbten Stirn tief liegende dunkle Augen – wie Vogelaugen? –, vorspringend dazwischen die schmale Schnabelnase. Da war gleich die Versuchung, sein Profil mit seinen Präparaten zu vergleichen – ohne Ironie, versteht sich. Denn so, wie über Jahre hinweg zunehmend Menschen ihren Lieblingshaustieren zu ähneln scheinen, so ähnelte der Vogelsepp seinen Vögeln.

In einem kleinen, sonnenlosen Zimmer (damit die Farben nicht bleichen) hatte er seine eigene Vogelsammlung aufgestellt, über 200 Arten, und wer mit dem Anschein der Expertenschaft vor seine Vogelschränke trat und den Eindruck erweckte, er kenne sie alle, den legte der Vogelsepp gern ein wenig herein.

Die wirklichen Experten aber kamen gern zu ihm, weil sie den Ritten als interessanten Kreuzungspunkt von Vogelfluglinien zu schätzen wussten (ein Phänomen, das der Vogelsepp, der auch sein eigenes Fachidiom sprach, den „Überflug" nannte) und seine Schätze repräsentativ fanden. Übrigens hat er noch zu seinen Lebzeiten seine Sammlung dem Landesmuseum für Naturkunde in Bozen vermacht, sie wird also gepflegt – und erhalten bleiben.

Die Kunden kamen, weil der Vogelsepp es verstand, ihre Präparate „zum Leben" zu bringen. Denn wer da meinte, ein gewesener Eichelhäher werde im ausgestopften Zustand dadurch wieder zum Eichelhäher, dass er das eigene Federkleid irgendwie über einen Holzwollbalg

gespannt bekäme, der irrte nach der handwerklichen Moral des Vogelsepp gewaltig: Da musste der Bauch eine bestimmte Wölbung haben,
mussten die Flügel in charakteristischer Manier angelegt sein, sollte
das Tier in der Haltung dargestellt sein, die es zum unverwechsel-
baren Geschöpf der unendlich vielgestaltigen Natur machte.

Mit der rein handwerklichen Verfahrensweise vom Entbalgen des
noch frischen Tiers bis zu den letzten Handgriffen am fertigen Prä-
parat war es nicht getan. In jeder Arbeitspause steckte die Vergegen-
wärtigung genauer Beobachtung, steckten selbst angeeignetes Wissen und ein großes Maß an Einfühlungsgabe. Und über allem stand
die jedes andere Interesse verdrängende Hingabe an seinen einzigen
Lebensinhalt, die Ornithologie, die aus dem Bauernknecht Josef
Rieder den Vogelsepp zu Siffian gemacht hatte: fast ein Adelsprädikat.
Das gute Auge und die feine Beobachtungsgabe hatte er sicher vom
Vater geerbt, dem *Fotografensepp*. Die Mutter, auf einem vergilbten
Foto im strengen Schwarzseidenen und Gewehr bei Fuß dargestellt,
muss eine ungewöhnlich schöne, hoheitsvolle Erscheinung gewesen
sein. Sie sei gern auf die Jagd gegangen, erzählte der Sepp. Und die
Leute in Siffian wussten von ihr zu berichten, sie habe Giftschlangen
gefangen, um ihnen das Serum abzumelken.

Mit Gift und anderen dubiosen Tinkturen hat auch der Vogelsepp
gearbeitet, aber Zimperlichkeit kannte er keine. Er handhabe Mes-
ser und Schaber, Draht, Nägel und Holzwolle mit der Selbstverständ-
lichkeit und Konsequenz eines Menschen, der seine Liebhaberei zu
seinem Beruf und seinen Beruf zum Lebensinhalt gemacht hatte.

✢ MACHER, SAMMLER, THEATERER

In der Begrenzung die eigene Begabung und damit sich selbst finden. Die alte Abgeschiedenheit hatte in den Tälern Menschen von
besonderer Kreativität geformt. Die harten Lebensbedingungen leg-
ten sich nicht wie eine glanzlose Umnachtung auf sie, um sie zu

Alltagsmaschinen zu machen. Aber der Mangel an Weltläufigkeit und
Kommunikation machte sie zu Originalen, deren geistige Sprühkraft
sich nur im engen Kreis regen und drehen konnte.

Der Partschinser Bauer Peter Mitterhofer (1822–1893), der eine
Schreibmaschine erfand, war von dieser Art; der zu seiner Zeit europa-
weit bekannte Schöpfer eines mechanischen Figurentheaters, Christian Josef Tschuggmall (1785–1845), ebenso; auch der Mechaniker
Pius Thaler (1912–1983) im Sarntal, der in seiner winzigen Werk-
stattstube aus allem etwas zu machen verstand, was praktisch oder
schön, am besten beides zugleich war. Jedes Ding erhielt einen neuen
Zweck, wenn er es anschaute: Ein Nachtkastl mutierte zur Werkbank,
ein alter Zahnarztbohrer wurde zum Poliergerät, das Plattenmagazin
einer altertümlichen Kamera zur Laterna Magica eines mechanischen
Erinnerungsalbums. Was kaputt war, ging wieder und besser als vorher, was unbrauchbar schien, wurde wieder nutzbar gemacht. Und
nichts von allem, was er fand, schien ihm entbehrlich. Alte Motor-
teile waren ihm recht als Hanteln zum Kraftsporttraining, und im
Garten vor dem kleinen Haus hatte er sich aus Maschinenresten ein
Gerät gebaut, mit dem er sich im *Fingerhakln* üben konnte, ohne einen
leibhaftigen Partner zu benötigen. Weil er gern Radio hörte, hatte er
aus alten Rundfunkapparaten eine Lautsprecheranlage gemacht, die
alle Räume des Hauses versorgte, einschließlich der Speisekammer.
Auch die Dunkelkammer war selbst gebaut: puppenstubenwinzig in
die Werkstatt hineingesetzt, aber komplett. Wer ein Passfoto brauchte,
musste nicht eigens den Tagesausflug durch die Tunnel nach Bozen
unternehmen.

Von den 50 Haupt- und Nebenberufen des Tals – unter ihnen Pfauen-
federkielsticker, *Regglmacher, Toppar-* oder Strohzopfmacherin – übte
er ein gutes Dutzend aus, und seine Frau war eine *Topparmocharin*,
eine Hausschuhschneiderin.

Die alte Kreativität der Tallandschaften: Ist sie mit den veränderten
Rahmenbedingungen auch abhandengekommen, *abgegangen* – nun,
da doch die bequemen Straßen des Verkehrs und der Information

überall hinführen und neue Standards für Nützlichkeit und Zeitvertreib setzen? Es sieht so aus, denn mit dem Zauberwort Kreativität hat sich die Freizeitgesellschaft ihren Lieblingsbegriff zurechtgebastelt. Kreativität wird heutzutage organisiert wie die Urlaubsreise, das Popkonzert oder das Sportevent, wie die ganze freie, eigenbestimmte Zeit. Demokratisiert und organisiert: Jede, jeder ist kreativ in irgendeinem, von den Tageszwängen noch nicht besetzten Winkel der Persönlichkeit. Wir brauchen uns nur durchs Angebot zu blättern oder zu zappen – und, hoppla!, haben wir auch schon unsere kreative Spielecke gefunden.

Aber gerade noch leben in den Tallandschaften die allerletzten jener Macher, Sammler und Theaterer, die sich nicht organisieren lassen wollen. Die Anregungen, die sie prägen, kommen aus ihrer nächsten Umgebung (nicht aus dem Kreativkatalog) und manchmal kommen sie auch aus dem Widerstand, gar der Auflehnung gegen das gewohnte Lebensgefüge: der Bildhauer, der mit den verrottenden Überresten eines stillgelegten Bergwerks seine Denkzeichen zusammenfügt, der passionierte Laienspieler, der ein Kleintheater gründet, der Behindertenbetreuer, der sich darum annimmt, seine Schützlinge zu schöpferischer Arbeit zu ermuntern, die Spielzeugsammlerin, die sich nicht für die rekordreifen, publicitybewussten Großleistungen der Schnitzkultur ihres Tals interessiert, sondern für die arme Vergangenheit des geschnitzten Spielzeugs, das vor 100 Jahren zu Hunderttausenden in die Welt ging und dem sie quer durch Europa nachspürt, um die glanzlose Geschichte einer in die Massenproduktion gezwungenen Kreativität zu erforschen.

Andere fliegen auf die Seychellen, sagt sie. *Ich fahre auf Trödelmärkte.*

Am Berg

Der Frühling kommt spät zu den Berghöfen. Wenn die Obstbäume endlich blühen, steht im Bauerngarten der Salat schon hoch, und draußen im Etschtal ist Sommer. Auch auf dem Bergbauernhof besteht der Frühling aus Vogelstimmen und Bienengesumm, aus Bachrauschen und Windsäuseln, wie anderswo. Vor allem besteht er aus Arbeit. Es ist leicht, von Heimat zu reden, aber hier ist die Heimat kein müßiges Idyll, das ein Zurücklehnen in Beschaulichkeit und Betrachten des Schönen wäre. Hier ist die Schönheit absichtslos, sie kommt aus dem formenden Umgang mit der Natur, hervorgebracht von der Alltagsarbeit. Daraus entstehen ästhetische Signaturen, die mit der Umwelt eine Synthese eingehen, statt sich über sie zu legen. Die Arbeit schwer, die Hänge steil, der Ertrag klein. Aber die Arbeit ist eingeübt und verständlich. Ihr Rhythmus schafft Heimat und stiftet Sinn. Die Technik macht, wo sie sich einsetzen lässt, den behutsamen Rhythmus mit: dem Wachstum zuarbeiten, die Ernte heimbringen, Vorrat anlegen, vom Vorrat überdauern.

❖ DIE ALTBÄUERIN

Sie hat lauter tüchtige Kinder, Leute, die anpacken wollen und das auch gelernt haben. Und die Zeiten sind gut – besser jedenfalls als damals in den Zwanzigern, als ihre Schwiegereltern das ganz alte Feuerhaus neu gebaut haben, *mit fast nix,* wie sie sagt, und demgemäß billig.

Die tüchtigen Kinder haben unlängst dieses nun wieder alte Haus abgerissen und ein neues gebaut. Weil die Zeiten besser sind, haben sie ein gutes, großes und bequemes Haus gebaut und der Mutter eine schöne Wohnung hineingerichtet. Der Großmutter, um genau zu sein, denn es sind wieder drei Generationen, die unter dem neuen Dach hausen.

Das älteste Bauwerk am Hof ist jetzt der Backofen gegenüber vom neuen Haus, und jedes Mal am Backtag wundert sich die Altbäuerin, dass er noch *so gut tut*. Dass er überhaupt noch da ist. Denn vor wenigen Jahren hatte es den Anschein, als höre sich das Brotbacken am Bauernhof auf. Zuerst wurden die vielen Mühlen außer Dienst gestellt, dann die Backöfen. Die Wege wurden immer besser und der Weg zum *Bäck* im Dorf immer bequemer. Das „Bäcknbrot", das weiße zumal, triumphierte. Es suggerierte Luxus und hatte den Reiz von etwas Besonderem, das gleichwohl täglich verfügbar war. Es hätte dahin kommen können, dass die Bauern nur mehr Brot vom Bäcker essen und der Bäcker dafür den Touristen sein Bauernbrot offeriert. Aber so ist es doch nicht ganz gekommen.

Die Altbäuerin (aber auch die tüchtigen Kinder mit dem Kindheits-Brotduft in den Nasen) haben den Backofen „derrettet" und das Brotbacken mit. Dafür ist die Altbäuerin sogar ein wenig berühmt geworden, sie ist an Fotografen schon gewöhnt und an neugierige Touristen sowieso. Neulich hat sie sich sogar für eine Fotoreportage über das Brotbacken am Bauernhof ihr altes Dirndl angezogen. Aber nur unwillig, denn beim Brotbacken wird man halt *schmirbig* und deshalb zieht sie lieber ein altes Gewand an und drüber einen Kittel und noch eine Schürze und ein Kopftüchl. Aber sie entschuldigt sich jedes Mal dafür, wie sie *ausschaugg*, natürlich nur bei den Zaungästen, die das Brotbacken weithin zu riechen scheinen. Jedenfalls kommen immer etliche gerade des Weges, wenn die warmen Brotfladen zwischen Backofen und Haus auf großen Holzbrettern zum Überkühlen ausgebreitet liegen, und werden natürlich mit einer Kostprobe beschenkt.

Sie müssen's wahrhaftig riechen, denn wann der beste Tag zum Brotbacken ist, das geht nicht nach dem gewöhnlichen Kalender, sondern ist eher eine astrologische Größe. Es ist daher über diesen Tag nichts Absolutes zu erfragen, wenn man einmal vom „Mun" absieht, dem richtigen Mondzustand, und von ein paar günstigen oder ungünstigen Sternzeichen. Ob Steinbock, Waage oder Stier zu bevorzugen seien, ist noch nicht endgültig entschieden; Krebs und Skorpion, die *hintrisch* gehen, tun möglicherweise dem Teig ein Gleiches, und zu viel Wind oder große Trockenheit verbieten auch das Brotbacken. Auf Letzteres schaut die Altbäuerin besonders, wegen des Funkenflugs und der Feuergefahr.

Ist aber einmal über den Backtag entschieden, dann kann man so rasch nicht mehr damit aufhören:

„Dampfl" ansetzen und nicht aus den Augen lassen, als wär's ein Kleinkind. Teig bereiten aus Roggen- und Weizenmehl, Salz, Wasser und Kümmel und „Brotklea" (Schabzigerklee). Und nicht aufs Tröpfl Weihwasser vergessen!

Wie eine menschliche Rührmaschine werkt einer der tüchtigen Söhne mit beiden Armschwengeln in dem großen Holzbottich, bis der helle Schweiß rinnt; denn es ist warm in dem kleinen weißen Raum mit seinem eigenen zierlichen Bauernofen direkt neben dem eigentlichen schwarzen Ofenraum, weshalb der Backofen eigentlich ein eigenes kleines Feuerhaus ist, in dem das Brot wohnt.

Ein anderer tüchtiger Sohn hat unlängst schöne neue Brotbretter getischlert, auf denen – und auf den mit „Grischn" (Kleie) bestreuten Leinenflecken – die Teigportionen zu Fladen auseinandergehen, bis der Backofen heiß genug, die Glut herausgescharrt und mit dem langen Kehrwisch, der „Ofenzussl", die Backfläche saubergefegt ist.

Und dann geht es den ganzen Tag lang so: Brote einschießen und bewachen und herausholen.

Und sogar nach dem Backen sind noch einige Gebote zu beachten, damit das in Brothurten luftig getrocknete Brot schön *rogl* wird, schön bricht, gut hält und die „Ranftln" zum Qualitätsbeweis ganz leicht herunterbrechen: In den Hurten, sagt die Altbäuerin, müsse das Brot nämlich mit der Oberseite gen Sonnenaufgang schauen. Und das frische Brot dürfe am Backtag nur abgerissen, ja nicht geschnitten werden, man schneide sonst den Brotbäckern in die Hand.

Und wenn die große Anstrengung dann wieder vorbei ist, alles Brot zum Trocknen eingeschichtet, zum Einfrieren versorgt oder für ein paar Dauerkundschaften zur Seite gestellt ist, geht die Altbäuerin in ihre neue Wohnung und bereitet sich einen Kräutertee zu von den Blättern und Blüten, die sie im Sommer gesammelt hat. *Jetz isch es wieder fier!,* seufzt sie wie nach einer glücklichen Geburt, und lehnt den „Buggl" an den warmen Stubenofen.

❖ DIE LIES

Wann ist das: damals? Auf dem Hochplateau Ritten bedeutet damals *vor der Stroß,* bevor die „Panoramastraße" auf die Hochfläche über Bozen gebaut worden ist. Vor der Bahn (der Zahnrad- und Trambahn von 1907) ist noch einmal ein anderes „damals", an das sich nun niemand mehr erinnern kann.

Immerhin ist es Literatur geworden durch die Elegie des Hans von Hoffensthal, „Abschied von Oberbozen", in der tränenselig der Anbruch einer neuen Zeit beklagt wird: *Wir sind die Besiegten. Der Fortschritt hat uns niedergerungen ...* Und weiter barmt der adelsstolze Dichter und Bewohner der bislang exklusiven Maria Himmelfahrter Sommerfrischsiedlung, der sich nun gemeinmachen muss mit „den anderen", den Fremden: *Kommt! Geht nur durch die Wälder, die einst unser waren, tretet nur in die Wiesen und holt euch die Blumen, die bisher unsere Kinder pflückten. Wir können nichts dagegen tun!*

Wenn die Lies vom Auf und Ab ihres langen Arbeitslebens über die „Klapf", die groben und steinigen Wege am Ritten *vor der Stroß*, erzählte, brauchte sie keinen elegischen Ton, und die Fremden waren ihr ziemlich gleichgültig. Aber der Berg und die Stadt, das seien zwei völlig verschiedene Welten gewesen, und die Bahn habe sie sich ohnehin nicht leisten können. Einmal, erinnert sie sich, sei sie wie so oft mit einem Rucksack voller Eier vom Ritten nach Bozen abgestiegen, um sie in einem Geschäft beim Obstmarkt zu verkaufen und für die paar Lire das Notwendigste für daheim zu besorgen. Da habe sie so einen merkwürdigen Batzen in ein Metallgestell eingespannt gesehen, oben schön rosa, unten schön weiß. Was das denn gewesen sei, habe sie hernach die Rauh-Mutter gefragt, die hinter ihr gestanden sei. Ah, sie sei aber schon ein rechter „Tatsch", wenn sie nicht einmal einen Prager Schinken kenne! Woher sie den denn kennen solle, habe sie, die Lies, geantwortet. Sie kenne halt nur *Mortadellawurscht und Kaas!*

Auch mit fast 80 war die Lies noch eine stattliche Frau: groß und leibig, mehr als ihr lieb war. Die Stationen ihres Lebens waren wohl ein Dutzend Plätze bei Bauern und Herrschaften; auch mit einem Pachthöfl haben sie und ihr Mann es einmal versucht. So ist ihr freimütig und emotionslos erzählter Lebensweg an Dienstverhältnissen, Arbeitsplätzen und den Geburtsjahren von neun Kindern festgemacht:

Geboren bin ich beim Rodererhof ober der Kirche von Maria Saal, ich und mein Bruder. Dann hat der Vater das Strickerhöfl gekauft und ich bin daheim geblieben, füttern und arbeiten, und bin oft einmal ins Tagwerk gegangen, zusammenrechen auf den Wiesen, oft auch auf denen am Rittner Horn, damit ich auch einmal ein paar Lire Geld gehabt hab.

Dann hab ich Nähen gelernt in Lengstein und dann bin ich 1929 nach Leifers hinunter. Dort bin ich bei einem Bauern gewesen und hab auf die drei Kinder schauen müssen. Mein späterer Mann ist dort Knecht gewesen, aber wir haben uns zuerst gar nicht recht verstanden. Er war ja auch immer draußen in den Obstgütern und ich im Haus bei den Kindern. Da war viel zu waschen – natürlich ohne Waschmaschine. Und im dritten Jahr ist gar nichts gegangen mit dem Obst, da war der ganze Stadel voll mit Äpfelkisten. Da haben wir miteinander oft Äpfel ausklauben müssen und sind allmählich besser miteinander ausgekommen. Dann haben wir halt zu gut miteinander gschaffen (lacht ein bissl), und der Bauer ist uns draufgekommen. Den Knecht hat er entlassen, Anfang Juni, aber mich, die Dirn, nicht. Ich hab's gut gekonnt mit den Kindern, mich hätten sie schwerer ersetzen können. Aber immer wenn der Vater mir geschrieben hat, hat er geschrieben: ‚Bleib an Leib und Seel gesund!' Da hab ich schon gewusst, was er gemeint hat!

Und am 17. August haben wir schon Hochzeit gehabt. Dann haben die Leiferer gesagt: ‚Die wird halt schwanger sein!' Aber das war ich nicht. Erst am 10. Juni im nächsten Jahr ist das erste Kind auf die Welt gekommen. Das war 1934 und es war schwierig: eine Zangengeburt, und es ist gestorben.

Und 1935 ist der Peter geboren. Da waren wir in Lengstein beim Waldsteiger, und ich hab ihn immer auf dem Polster mitnehmen müssen. Wagele hab ich keins gehabt. Und auf einmal hat er arg geschrien, da war er erst ein Monat alt. Aber ich hab gedacht: Er soll nur schreien, er ist trocken und satt. Aber dann bin ich doch schauen gegangen – und da war das ganze Kind voller Ameisen, ganz schwarz! Und wie ich ihn ausgepackt hab, war er, wie wenn er die Masern gehabt hätt.

1937 ist dann wieder ein Bub gewesen. Aber wie ich noch schwanger war, bin ich einmal die Stiegen hinuntergefallen, und da hat das Biabl einen Schock gekriegt (hat der Doktor Oberrauch gesagt), und so hat's fortwährend gezittert, wie's auf der Welt war. Und ist gestorben, bevor's drei Jahre alt war. Aber mir hat's so viel leidgetan um das Kind. Da war ich aber schon schwanger mit einem Gitschele, einem Mädchen, das dann mit elfeinhalb gestorben ist.

Von den neun Kindern der Stricker-Lies (die übrigens nach ihrem Heimathof so hieß und nicht, weil sie so viel strickte, was sie allerdings

auch tat) sind schließlich nur zwei übrig geblieben. Als ich die Achtzigerin nach der besten Zeit in ihrem Leben gefragt habe, sagte sie ohne jedes Zögern: *Jetz!* Denn jetzt hatte sie ihre kleine Rente und ihre Ruhe auf der Habenseite. Auf der Sollseite war allenfalls die Witwenschaft – *Miteinander tut man halt nur heiraten, aber sterben tut jedes für sich allein!* – und ihr Alterszucker. Doch über den machte sie sich keine Sorgen, denn er wurde vom *Dokter*, dem Gemeindearzt, höchstpersönlich überwacht, der einmal in der Woche zu ihr zum Essen kam, weil sie die Bauernkost so gut zu kochen verstand: „Erdäpfelplattlen" mit Rübenkraut, „schwarzplentene" (buchweizene) Speckknödel, „Greaschtl" (das auf vornehm tuenden Speisekarten manchmal als Geröstel aufscheint) und die flachen, eckigen Rittner Krapfen mit ihrer Fülle aus „Kloatzn" (getrockneten Birnen) und Honig.
Und noch etwas Tröstliches hatte die Lies bei ihrer Zeitenanalyse herausgefunden: Teuer sei es immer schon gewesen, aber heute habe man wenigstens eine Rente!

❖ ERDSCHINDEN

Von wohlhabenden und behäbig großen Dorfbauern ist hier nicht die Rede. Sie siedeln auf den Terrassen und den ebenen oder mäßig geneigten Flächen. Aber an den Flanken zur Eisack- und Talferschlucht und zum Bozner Talkessel hin hängen die Wiesen, Äcker und Weinberge gewaltig steil, wenn auch dadurch besonders exponiert zur Sonne. *Sonnenverwöhnt* könnte in der Tourismuswerbung für die Gegend stehen.
Wer die Wiesen, Gemüsefelder, Obst- und Weingärten, Himbeerbeete und Erdbeeräckerlein bewirtschaften will, muss in den steilsten Lagen, etwa von Siffian oder Unterwangen, heute noch schwer arbeiten. Bis in die 1980er-Jahre hieß dort der Komparativ von arbeiten *schindn*, und der Superlativ war das „Erdschindn": die abgeschwemmte und durchs Pflügen hangabwärts gewendete Erde in „Erdkrattn" wieder

hangaufwärts schaffen. Dazu gab es eigene Karren, die, paarweise an einem Seil hängend, per Gewicht und Gegengewicht funktionierten. Es heißt, so ein Acker sei alle 40 Jahre einmal zur Gänze den Berg hinauf gezogen und geschleppt worden. „Erdschindn" war eine Frühjahrsarbeit, gleich wie das Mistbreiten und das Pflügen auf einem Acker, dessen Steilheit nur die Seilwinde gewachsen war.

In spitzem Winkel zum Hang stehen sie, Bauer und Bäuerin, und reden zu uns auf den Weg herab, während unterhalb, auf der nicht weniger steilen Wiese, eine alte Frau unbeirrt mit dem Rechen und der „Runggl" hantiert, die braunen Gräser vom Laub putzt, wucherndes Dorngestrüpp wegreißt, damit das Vieh später ein gutes Grasen hat. Der Blick nach unten ist fast eine Vogelperspektive, der Körper unter dem weißbunten Kopftuch der Alten wirkt sonderbar verkürzt, aber sogar später aus gleicher Höhe ist sie noch winzig, vom Alter krummgeschlossen, aber sie geht dahin wie eine Junge.

Später in der Stube vom Murr-Hof ist sie nicht viel größer als ihr Spinnrad, neben dem sie reglos und versunken auf der Ofenbank sitzt. Das Spinnrad ist nicht das einzig Anachronistische in dieser Stube, aus der man wie aus einer Flugzeugkanzel, bodenlos, in die Luft hinausblickt. Da steht auch ein Harmonium an der Wand, da liegt eine Geige zwischen Notenpacken, weist eine Urkunde den Sohn als langjährigen Organisten von Wangen aus und eine andere den Bauern als eifrigen Musikanten. Für die Mutter, die im 89. Jahr steht, ist die Welt seit vielen Jahren noch stiller. Sie hört sehr schlecht, aber sehen kann sie noch ungewöhnlich gut, zupft die hellgrauen Wollflocken zurecht, dreht sie mit ihren großen alten Arbeitshänden zusammen, lässt den Faden in die Spule schnurren, während ihr kleiner Fuß im „Filzpatsch" beständig auf dem Trittbrett wippt und das hölzerne Rad leise flirren lässt.

Das Geräusch hört sie nicht, kaum etwas davon, was um sie herum vorgeht, aber ihre Augen blicken in müheloser Konzentration auf den Wollfaden nieder und schließen alles aus, was nicht mit dieser Arbeit zu tun hat. Die Wolle, die sie spinnt, Tag für Tag, solange ihr Vorrat reicht, ist für ihre Tochter bestimmt.

Vier Kinder hat sie gehabt, einige seien gestorben, ganz klein noch, gerade die ersten, sodass sie sich manchmal beklagt habe:
Wann i lei oans amal a Woch hätt ...
Aber das ist bald 60 Jahre her, und nun genießt sie die kleinen Freuden des hohen Alters: ein bissl lesen, ein bissl *kartnen* mit der Enkelin Annemarie – und das Spinnradl. Wenn der Weg gut ist, und das kann sogar bei Kälte und Schnee sein, geht Anna Vigl, flink und elastisch, alle Tage hinauf zum Wangener Kirchhügel, 300 Höhenmeter hinauf und wieder herunter über den Waldsteig, der ihre ganz persönliche Himmelsleiter ist.

Wenn der Egger Peter, der vom behäbigen Erbhof Köhl in Siffian stammt, beim Rebenaufbinden in seinen *Weinpergeln* aufschaut, dann blickt er wie aus einem Hubschrauber in die Runde: Er sieht allerdings hauptsächlich Felsen, sehr nahe, die rötlichen Porphyrwände der Schlucht, fast senkrecht unter seinem Hof, durch die der Rösslerbach zum Eisack niederstürzt, und über sich die Felskanzel mit den bizarren Mauerresten der Burgruine Stein. Er sieht auch nieder auf ein Stück Brennerautobahn, die hier, nördlich von Bozen, auf Pfeilern in die Eisackschlucht gerammt worden ist.

Der Eggerhof ist eine grüne Insel zwischen Wänden, Schrofen, Trümmern, Schluchten und Stahlbeton, er liegt auf einer schrägen Terrasse 300 Meter über dem Eisack und 600 Meter unter dem Dorf Klobenstein, von wo aus die Gemeinde Ritten verwaltet wird, zu der der Eggerhof gehört. Nach unten wäre es nur halb so weit, aber dann müsste man erst um den Fuß des Rittner Berges herum bis nach Bozen und dann die ganze Rittner Straße wieder hinauffahren. Also lieber kurz und steil als lang und bequem. Das galt schon für die ersten Touristen, wie jenen englischen Fußgänger, der um 1875 von der Haltestelle Atzwang der Brennerbahn nach Klobenstein aufstieg:
Es ist ein Anstieg, der gute Lungen und gute Füße braucht, denn er ist sehr steil. Auf dem rechten (Eisack-) Ufer führt ein mühsamer Pfad hinauf nach Klobenstein.

Das erste Mal kam ich von oben herab zum Eggerhof, in einer offenen *Campagnola*, dem italienischen Jeep, und in der Gesellschaft von zwei gewaltigen Wein-*Standern*, aufrecht stehenden Fässern für den *Leps*, den frischen, leichten Alltagstrunk aus *Trebern* (Trester) und Wasser. Der Weg (beinahe eine Art natürliche Stiege) war so steil, dass mit Ausnahme des Fahrers (und der Fässer) alle Fahrgäste es vorzogen auszusteigen. Aber auch der andere Weg von der Brennerstraße her, wenn auch fahrbar, hat es in sich.

Überhaupt, der ganze Hof hat es in sich. Wer ihn bewirtschaften will, darf sich nicht fürchten, vor nichts und niemand und schon gar nicht vor der Arbeit. Erworben hatte ihn der alte Köhl-Bauer in Siffian von jener staatlichen Körperschaft, die nach dem Umsiedlungsabkommen zwischen Mussolini und Hitler die durch Abwanderung „freigewordenen" Höfe abgelöst und übernommen hatte. Damals, in den 1950ern, war der Eggerhof völlig abgewirtschaftet.

Der Peter, der genauso heißt wie sein heldenhafter Vorfahre Peter Mayr aus Andreas Hofers Gefährtenkreis, hätte als ältester Sohn eigentlich den stattlichen Köhlhof auf seiner bequemen Siffianer Terrasse erben sollen. Aber er wollte gern die Frieda heiraten, die Köchin war in einem Rittner Hotel, und auf dem Köhlhof führte noch der energische Vater das Regiment. Also packten der Peter und die Frieda halt den heruntergekommenen Eggerhof an, der alle Schwierigkeiten bereithielt, die einem Bergbauern zu schaffen machen können: Entlegenheit, Unwirtschaftlichkeit, Einsamkeit.

Gegen Einsamkeit und Entlegenheit gibt es keine Mittel, außer sich an sie zu gewöhnen, und das ist besonders der Frieda schwergefallen. Gesagt hat sie aber nur, es sei *nit oanfach* gewesen: bei den Geburten der Kinder rechtzeitig ins Spital nach Bozen zu kommen, mit der Schulferne, bei der stundenweiten Entfernung von allen Freunden und aller geselliger Kurzweil.

Gegen die wirtschaftlichen Probleme gab es immerhin einige Subventionen, obwohl der Peter der eigenen Leistung immer am meisten vertraut hat. Anfangs, sagt er, habe er es wohl auch nicht so richtig verstanden, die Fördertöpfe anzuzapfen. Aber dann lernte er doch, damit zu rechnen: mit den Prämien beim Anlegen eines neuen Stücks Weinberg, einer *Raut*, und mit Ermäßigungen beim Einkauf der *Rasln*, der Jungreben. Das Bauersein war ihm jedenfalls immer die einzig vorstellbare Lebensweise, das Quäntchen Freiheit bei der Einteilung des täglichen Arbeitspensums ist Komfort und Lebenshilfe, weshalb er auch nie ernsthaft erwogen hat, in ein abhängiges Arbeitsverhältnis abzuwandern.

Gerade in dieser Hinsicht ist die Parole von der angeblich heilen Welt der Bergbauern noch am wenigsten abgedroschen, und das nicht weniger übernutzte Schlagwort vom Bergbauern als Landschaftsgestalter zeigt sich ansehnlich in der scheckigen Vielfalt des Landschaftsbildes, dem größten touristischen Kapital, das von den Bauern geschaffen wurde und weiter kultiviert wird.

✤ BARTHLMÄ

Wo die Rittner Straße anfängt, im Bozner Vorort Rentsch, hatten sie einmal für das Almfest zum Bartholomäustag am 24. August ein Transparent aufgehängt, das zu *Bartelmäh* einladen sollte. Zwar wird dort zu der Zeit weder gemäht noch spielen Schafe eine Hauptrolle, aber der Hl. Bartholomäus bringt überall, wo an seinem Gedenktag zu ihm gepilgert wird, massenhaft Menschen auf die Beine: in Frankfurt, wo ihm der Kaiserdom geweiht ist, im bayerischen Andechs, wo ihm zu Ehren das Bier in Strömen fließt, im postkartenschönen St. Bartholomä am Königssee bei Berchtesgaden – und eben auch auf der Rittner Alm.

Der Bartholomäus-Kult zieht sich durch alle christlichen Religionen, sein Name findet sich in allen europäischen Sprachen, und da er nicht unkompliziert ist, wird er auch vereinfacht, abgekürzt und verballhornt: Bart, Bascht, Bartl, Barthl, Bartlma, Bartlmas, Bartlmä, Barthlmä ...

Nur die eine Version ist völlig unmöglich, weil unsinnig: Bartelmäh. Denn das Almvieh, die über 1000 Rinder und Pferde, schreit dort vor allem „Muh", nicht „Mäh". So verhunzte man dem bedauernswerten Apostel, dem angeblich bei lebendigem Leib die Haut abgezogen worden ist (weshalb er der Patron nicht nur für Hirten, sondern auch für Gerber und Handschuhmacher ist), auch noch seinen guten Namen. Inzwischen hat man das eingesehen und gibt sich Mühe, dem Rittner Almfest um Barthlmä, das früher vor allem ein bedeutender Markt war, wieder etwas von seiner alten Würde zurückzugeben. Jahrelang mit Filmen, Reportagen, Artikeln beworben, ist es wie viele andere Brauchtumsfeste auch unter einer Blechlawine begraben, krachledern und kitschdirndlig überhübscht und dann auch noch mit Müll zugedeckt worden.

Da haben die Wangener Musikanten (denen die Ehre zustand, weil das Festgelände früher nicht zur Rittner Gemeinde, sondern eben zur Gemeinde Wangen gehört hat) noch so traditionsecht blasen können. Da haben die Hirten, die hier *Saltner* heißen, ihre Hüte noch so festlich aufbuschen und schneidig mit der *Goaßl schnölln* können. Am Ende haben die Almbauern stundenlang die ganze Almwiese nach weggeworfenen Flaschen, Bechern und Plastiktellern absuchen dürfen, während die vieltausendfache Herde der Feierwütigen schon bergab geströmt ist zu weiteren Feierstationen in Pemmern, auf der Tann, in Klobenstein ...

Die Hirten sind dann bereits einigermaßen erschöpft, nicht so sehr vom Umgang mit den Tieren, sondern davon, die Herde der Zweibeiner von den Vierbeinern abzuscheiden – oder eher umgekehrt, denn die einen sind so übermütig wie die anderen, und viele der Zweibeiner haben schon am Morgen mit dem „Vorglühen" begonnen, weshalb vorsorglich für die Zweibeiner Rettungsdienste bereitstehen; der Vierbeiner werden die Saltner schon Herr, sie haben ja die Erfahrung des ganzen Almsommers auf ihrer Seite, haben das Wetter beobachtet und wie die Tiere sich jeweils benehmen, während sie von Station zu Station, von Hütte zu Hütte gezogen sind über die weite Almfläche, zuerst mit dem jungen Sommer hinauf bis *Tramiss* und *Schianont* (wo ich den langjährigen Almmeister Schortner Luis noch dabei beobachten konnte, wie er auf dem offenen Herd eine rußgeschwärzte Riesenpfanne voller *gebachene Oar* für sich und seine Kollegen fabrizierte), dann mit dem späten Sommer wieder zurück, wo das zuerst abgeweidete Gras nun wieder nachgewachsen ist. Sie bleiben nach Barthlmä auf den untersten Weiden und bei der Saltnerhütte, von wo die Bauern ihr Vieh abholen können bis zum 13. September, wenn die Saltner Schlag 12 Uhr mittags das Gatter aufmachen und dem etwa nicht abgeholten Vieh den Rücken kehren, dann wieder aufwärts gehen zum Rittner Horn und weiter bis zum *Steffl* und noch weiter bis zum Latzfonser Kreuz hoch über Klausen, wo sie gemeinsam mit den Almleuten der anderen Almen bei einer Bergmesse ihren ganz eigenen, fast privaten, festlichen Dank für den gewesenen Almsommer sagen.

❧ EIN LEBENDES DORF

Das ist das Fatale an der Heimat: dass man sie verlassen muss, um seinen Horizont zu erweitern. Und dass die Rückkehr dann irgendwann nicht mehr möglich ist. Denn die Heimkehrer sind das Ärgernis der Heimat. Sie verlangen von denen, die sie zurückgelassen haben, dass die Zeit stillsteht. Ihr Heimweh erlaubt keine Veränderung. Wer bleibt, hat die Freiheit, seine Heimat zu verändern. Er muss die Heimat nicht für die pflegen, die weggegangen sind.
EDGAR REITZ

Während der Anreise, im Zug, fühlt sie sich unbehaglich. Warum hat sie sich darauf eingelassen, dort hinzufahren? Weiß sie nicht, dass Versuche dieser Art unweigerlich fehlschlagen müssen? Dass alte Erinnerungen, die wieder aufgefrischt werden sollen, verderben? Man hat sie gewarnt, und sie kann sogar auf eigene Erfahrungen zurückblicken. Ihr Unbehagen steigert sich, als sie durch die zugige Halle zum Bahnhofsausgang geht. Sie ist jetzt fest entschlossen, ihr Fahrtziel im letzten Augenblick zu ändern, gar nicht in das Dorf zu fahren.

Sie geht auf ein Taxi zu, steigt rasch ein, legt ihr Köfferchen neben sich auf den Rücksitz und will ein anderes Ziel in das halb nach hinten gewandte Gesicht des Fahrers sagen, aber es fällt ihr keines ein. Sie kennt nur jenes eine Dorf in der Gegend, das Dorf, wo sie jetzt eigentlich nicht mehr hinwill. Aber sie mag den Fahrer nicht länger warten lassen, sie hat auch gelernt zu tun, was sie sich vorgenommen hat, und so sagt sie doch den Namen des Dorfs, und der Fahrer dreht zufrieden den Hebel der Zähluhr und fährt los.

Unterwegs vermeidet sie es, nach draußen zu sehen, obwohl es schon fast völlig dunkel ist. Stattdessen schließt sie die Augen und bereitet sich darauf vor, vergeblich auf das Erlebnis der alten, buckligen Straße zu warten. Das wäre die erste Enttäuschung, denn für das Kind war dies die erste Ferienfreude gewesen: die Fahrt in die Sommerfrische im Wagen der Eltern, hinten auf dem Rücksitz zwischen Gepäckstücken eingeklemmt, und dann jenes köstliche Schiffschaukelgefühl! Denn die Straße zum Dorf hatte die Geländewellen nicht durchschnitten, sondern war sanft über die Buckel gelegt, sie war nicht holprig, sondern wellig, und ihr Vater hatte das Vergnügen an der Straße gesteigert, indem er kurz vor dem Kamm jeder Welle Gas gab, sodass sie das Gefühl auskosten konnte, jedes Mal ein wenig aus dem Sitz gehoben zu werden.

Der Taxifahrer, überlegt sie, würde im Interesse seines Fahrgasts vermutlich das Gegenteil tun, aber es gäbe ja auch diese Wellen längst nicht mehr. Sie würden längst von Straßenbaumaschinen weggeschoben worden sein, und sie hat ja auch gehört, dass in dieser Gegend besonders viel getan worden ist, um Einheimische dort zu halten und Gästen das Leben bequemer zu machen. Man könne dort gar nicht mehr hinfahren, hatten ihr Bekannte gesagt, es stehe jetzt dort Hotel neben Hotel, die Landschaft sehe man nur noch durchzogen

von Stromleitungen und den Seilen der Liftanlagen, und die alten
Gasthöfe und Bauernstuben seien zu Tode saniert.

Da spürt sie, wie sich unter ihr der Sitz hebt, wie ihr Körper für einen
Moment leicht wird, ihr Kopf die weiche Polsterung des Autodachs
berührt. Der Taxifahrer wendet sich kurz um und nimmt, wie schuld-
bewusst, gleich das Tempo zurück, sodass bei der nächsten Welle der
Effekt sich nur mehr abgeschwächt einstellt und immer schwächer
wird, bis der Wagen in der Dorfeinfahrt ausrollt und vor einer dunk-
len Hausfront zum Stehen kommt. Im Aussteigen erkennt sie den
Gasthof, neben dem sie als Kind mit ihren Eltern ein Privatquartier
bewohnt hatte, und als das Taxi fortgefahren ist, kann sie der Versuchung nicht widerstehen, ihr Köfferchen auf dem Kopfsteinpflaster
abzustellen und an dem Haus hinaufzuschauen.

Sie ist sich nicht sicher, ob sie das Fenster im ersten Stock noch finden würde. Früher war es leicht gewesen, denn unter der Fenster-
reihe hatte der Schriftzug *Gemischtwarenhandlung* gestanden (im Par-
terre gab es damals einen Krämerladen), und zu jenem Fenster hatte
handlung gehört, daran hatte sie sich immer gleich orientieren können. Aber als sich ihre Augen nun an die Dunkelheit gewöhnt haben,
sieht sie tatsächlich jenen Schriftzug und findet also auch gleich das
Fenster dazu, halb verdeckt von den üppigen Pflanzen aus dem darunter hängenden Blumenkasten. Es brennt ein trübes Licht hinter
dem Fenster, noch reduziert durch die dunkle Holzvertäfelung des
Zimmers, und sie denkt, es sei dies also wohl eines jener Häuser, an
denen der Wohlstand vorübergegangen ist. Sie meint sich zu erinnern,
dass die Ladenbesitzerin kinderlos gewesen ist, die würde also ihr
Geschäft wohl ohne sinnlose Umbauten und Modernisierungen im
alten Zustand belassen haben, bis es Zeit war fürs Altersheim und bis
ein tüchtiger Erbe den fälligen Supermarkt einrichten oder den Verkauf der Liegenschaft betreiben würde.

Sie gerät ins Rechnen, während sie zum Gasthof schlendert: Die
Geschäftsfrau mag, wenn sie überhaupt noch am Leben ist, hoch in
den Achtzigern stehen. Sie war damals schon um die sechzig gewesen,

eine freundliche Frau, die Schürze prall über dem mächtigen Leib, wie sie mit unerschütterlicher Bedächtigkeit die Kunden bediente. Nur einmal war sie zornig gewesen, als die Dorfbuben ihren Laden zum Schauplatz einer beliebten sportlichen Übung gemacht hatten. Sie bestand darin, dass jeweils einer der Buben mit Anlauf über die Breite der Dorfgasse den geschlossenen wellblechernen Rollladen besp_rang, so hoch er's konnte, sich für Sekundenbruchteile mit den Schuhen einstemmte und dann unter mächtigem Getöse über die gerippte Blechwand hinunterratterte. Der Sieger dieser Disziplin hatte von seinen Kameraden ein kleines Preisgeld zu erwarten gehabt, an das freilich die Auflage geknüpft war, am nächsten Tag bei der Händlerin Süßigkeiten für alle kaufen zu müssen und sich so harmlos wie möglich aus der Affäre zu ziehen, was nicht eben schwer war, da die Geschäftsfrau zwar schimpfte, aber doch die Kundschaft nicht verlieren mochte.

Sie nimmt sich vor, bei Tag dem Geschäft einen Besuch abzustatten, wendet sich nun endgültig dem Gasthof zu und erwartet, dort nach einem durchschnittlichen Imbiss in einem renovierten, durchschnittlich rustikalen Zimmer Schlaf zu finden.

Sie erwacht spät, und unverzüglich stellt sich jenes Erstaunen wieder ein, das am Abend ihre letzte Empfindung gewesen war. Ihr erster Blick fällt auf das rosafarbene Waschservice auf der Kommode: die hohe Kanne, die weite Schüssel und auf dem Boden der weiße Emailkübel für das schmutzige Seifenwasser. Die Wand dahinter weiß gekalkt und mit einem Muster winziger Streublumen bedruckt, wie es die Maler in ihrer Jugend mit vorgestanzten Rollen auf die Wände gebracht hatten. Der weiße Baumwollvorhang vor der Balkontür ist zugezogen und filtert kalkiges Licht in den Raum. Über ihr türmt sich ein gewaltiges Federbett.

Sie steht auf, öffnet die Vorhänge und die Tür mit dem altmodischen Messingdrücker und geht auf den Balkon. Im selben Augenblick, als sei das Geräusch für ihren Auftritt inszeniert, hört sie Pferdehufe über das Pflaster der Dorfgasse klappern und sieht ein Gespann mit einer

Mistfuhre dahinter auf eisenbereiften Rädern vorbeirollen. Daneben geht ein älterer Mann, das Leitseil in der einen Hand, mit der anderen die Pfeife im Mund haltend. Zur gleichen Zeit scheppert in der anderen Richtung ein Handkarren mit Milchkannen daher, geschoben von einem halbwüchsigen Buben in Holzschuhen. Und selbst wenn diese beiden Erscheinungen Anachronismen gewesen wären, so hätte sie doch die Tatsache beunruhigt, dass sie in der ganzen Zeit, die sie danach noch auf dem Balkon stand, kein Auto zu sehen bekam (auch keinen Lieferwagen, der doch ein allenfalls herrschendes Fahrverbot hätte durchbrechen dürfen), keine Maschinen hörte und nicht einmal ein Flugzeuggeräusch ausmachte.

Wie schon am Abend vorher, als sie in einer Art verstörter Belustigung die altväterische Atmosphäre in dem Gasthof wahrgenommen hatte, fühlt sie sich wieder verunsichert und sucht, wie um Halt zu finden, nach den üblicherweise allgegenwärtigen Zeugen einer touristischen Gegenwart. Unten, in der verräucherten Gaststube, in der ein saurer Dunst hängt, bestellt sie ein Frühstück. Ob sie Brennsuppe, geröstete Erdäpfel oder ein Bachmus wolle, fragt die Kellnerin, erklärt sich aber schließlich bereit, allenfalls Kaffee, Semmeln und Butter zu bringen. Als die Kellnerin ihr das Verlangte auf den fleckigen, klebrigen Tisch stellt, würde sie sie gern festhalten und ausfragen, aber sie ist schon zu einem anderen Tisch gegangen, stellt sich, eine Hand in die Hüfte gestemmt, zwischen eine Runde bärtiger Männer mit spitzen grünen Hüten und weißen, bauschigen Hemdärmeln, Weingläser vor sich auf dem Tisch, und scherzt im hermetischen Dialekt der Gegend mit ihnen, wobei sie duldet, dass der Jüngste der Männer sie zu sich herzieht und ihr den Arm um die Hüfte legt. Andere Gäste sind nicht in der Wirtsstube, auch keine Touristen, was sie wundert, denn zu dieser Jahreszeit waren früher immer Touristen in dem Dorf gewesen, zumindest „Stadtler", wie die Einheimischen sie und ihresgleichen damals abschätzig genannt hatten.

Draußen wendet sie sich zuerst wieder dem alten Laden zu. Die Rollläden vor der Auslage und dem Eingang sind nun hochgezogen, und hinter den Scheiben sieht sie Andenken und Kunsthandwerk liegen: alpenländische Dutzendware neben Erzeugnissen aus der Gegend, die für ihre Hausindustrie bekannt war, kleine Gebrauchsgegenstände aus gedrechseltem Holz und getriebenem Metall, federkielgesticktes Leder und liebevoll bemaltes Glas. Solche Erzeugnisse scheinen sich nun gut verkaufen zu lassen, denn früher war das Angebot an diesen Dingen recht schmal gewesen. Die Einheimischen hatten kein Geld dafür gehabt, und den Touristen war es weniger locker gesessen. Als sie die Tür öffnet, bimmelt vieltönig die Ladenglocke, deren Klang in ihr jene widerwillige Vertrautheit auslöst, die sie nun schon mehrmals empfunden hat, gleichzeitig umgibt sie der kompliziert zusammengesetzte Geruch der Gemischtwaren, der sie zwangsläufig in ihre Kindheit zurückversetzt, und es fällt ihr sofort auf, dass sich an der Einrichtung des Ladens nichts und am Warensortiment nur Unwesentliches geändert hat.

 Immer noch steht an der Rückwand das hohe Regal mit den vielen beschrifteten Schubladen, und sie weiß sofort, dass sie (die diese sinnlose Lernarbeit damals während des Wartens auf das Bedientwerden geleistet hatte) immer noch mit geschlossenen Augen die Reihenfolge der unteren Schubladenreihe fehlerlos hersagen kann:

KaffeeGraupenReisGriesSalzMehlZuckerNudeln.

Sie bemerkt auch das vollständige Fehlen vorverpackter Lebensmittel, sieht über der vorsintflutlichen Waage immer noch die dreieckigen braunen *Papierstranitzen* von der Decke hängen, in der Ecke den mächtigen Eiskasten, in dem mit Stangeneis gekühlt wurde, und – tatsächlich! – die alte grüne Petroleumlampe, die damals das häufig ausfallende elektrische Licht ersetzt hatte. Hinter dem Ladentisch steht freilich nicht die unförmige Geschäftsfrau, sondern ein rundlicher jüngerer Mann mit schütterem braunem Haar in der blauen Arbeitsschürze der Gegend.

Sie ist für einen Augenblick versucht, nach der früheren Besitzerin zu fragen, aber sie scheut es, Angaben über die eigene Person und die Gründe ihrer Ortskenntnis damit verbinden zu müssen, fürchtet auch

die sicher zu erwartende Lamentation über den mäßigen Geschäfts-
gang, der den Ladenbesitzer an der zeitgemäßen Umgestaltung der
Handlung gehindert haben mochte, und zieht sich schließlich mit
dem höchst überflüssigen Kauf einer Stange *Bärendreck* zurück.
Beim Schließen der Ladentür verschmilzt der Klang der Glocke
mit einem anderen metallischen Klingen, das aus einem offenen
Tor auf der anderen Straßenseite kommt. Gleichzeitig sieht sie, wie
eine Menschengruppe in salopper Freizeitkleidung durch das Tor
ins Innere des Hauses verschwindet. Sie hält grundlos Ausschau
nach herannahenden Autos (immer noch ist keines zu sehen oder
zu hören), überquert die Straße und folgt der Gruppe, die einem
Führer in braunen Lodenhosen und grober Joppe zuhört. Dahinter
steht neben einem Amboss ein rußschwarzer Schmied, das Schurzfell
umgebunden, der mit der Zange ein Werkstück auf dem Amboss fest-
hält und den Hammer in der anderen Hand gerade hat sinken lassen.
In der Esse lodert ein Feuer, Hufeisen, Werkzeuge und Eisenteile liegen herum, aber keine Teile moderner Maschinen, wie Dorfschmiede,
soweit es sie noch gibt, sie oft zur Reparatur erhalten. Der Führer
erklärt seinen Zuhörern die Aufgaben und würdigt die Leistungen
des Meisters, verweist auf die lange Tradition des Handwerks in der
Gegend und hebt die künstlerischen Beiwerte der geschmiedeten
Grabkreuze auf dem nahen Friedhof hervor. Dann fordert er die
Gruppe zum Weitergehen auf, der Schmied nickt den an ihm Vorbei-
defilierenden wortlos zu, und die Gruppe verschwindet aus der Werkstatt ins Innere des Hauses.
Sie schafft es gerade noch rechtzeitig, sich anzuschließen und stellt
nun fest, dass sich hinter der Schmiede ein geräumiger, gewölbter
Gang befindet, aus dem eine steinerne Stiege mit ausgetretenen Stufen ins Obergeschoss führt. Dort gibt der Führer die Erläuterungen zu
dem ganzen Stockwerk auf einmal, erwähnt, dass dort das Eckzimmer,
da die getäfelte Wohnstube sei, drüben die einfachen Schlafräume
lägen und sich hier die sogenannte Rauchküche mit angrenzenden
Vorrats- und Milchkammern befinde. In dem bezeichneten Raum

werkt eine Frau in ausladendem, dunklem Gewand, ein Kopftuch tief ins Gesicht gezogen, unbeirrt auf dem offenen Herd herum, rührt, wie der Führer erklärt, in einer Apparatur zum Rösten von Gerste für den Morgenkaffee, wonach die Touristen in die anderen Räume ausschwärmen, wo sie sich mit dem Eifer einer Schulklasse weiterschieben. Sie erzählen sich gegenseitig Erinnerungen an die Lebensumstände von Großeltern weiter, mokieren sich über die Winzigkeit der Ehebetten und die Schlichtheit des darübergebreiteten leinenen Nachthemds und bewundern in einer Mischung aus Heimweh und Ironie die hölzerne Stube mit dem weißgekalkten Ofen, auf dessen breiter Ofenbrücke zwei Kinder versunken mit Holztieren spielen. Schließlich verliert sich die Gruppe, die in allen Räumen angebrachten Berührungsverbote sittsam befolgend, mit ihrem Führer im Untergeschoss und zerstreut sich.

Sie bleibt zurück und wandert weiter umher, schaut einmal aus einem rückseitigen Fenster, einen weniger gepflegten Eindruck erwartend, schiebt den Vorhang beiseite und sieht in geringer Entfernung hinter einem schmalen Grünstreifen und einer hohen weißen Mauer etliche mehrstöckige Gebäude, wie sie dem Erscheinungsbild von Trabantenstädten entsprechen. Sie sieht auch mehrfach in hohen Lettern das Wort HOTEL, sieht nun endlich auch Autos und Parkplätze und lebhaften Verkehr auf einer breiten Ausfallstraße.

Irritiert sucht sie einen Hinterausgang, findet jedoch keinen und verlässt das Haus doch zur Dorfgasse hin, folgt ihr und gelangt dort, wo die Häuserzeile endet, an einen geschlossenen Schlagbaum mit einem Durchlass für Fußgänger und eine Blockhütte mit Prospekten und Informationsschriften.

Die verehrten Besucher fänden hier das einmalige Erlebnis eines belebten Original Tiroler Bergdorfs, in dem nicht nur die Bausubstanz, sondern auch die Lebensweise der Bevölkerung echt und naturgetreu zu betrachten sei. Eine weitblickende Verwaltung habe gewissermaßen im letzten Augenblick die unerbittlich vorrückende Uhr der zerstörerischen Modernität angehalten und ein Werk entstehen lassen, das, weit über die Möglichkeiten üblicher Freilichtmuseen hinausgehend, das „Lebensganze" der bäuerlichen Welt (diese Formulierung erscheint ihr besonders bemerkenswert) präsentiere. Die beschäftigten Personen seien allesamt authentisch, hätten ihre Tätigkeiten entweder noch von den Vorfahren erlernt oder seien in speziellen Lehrgängen dafür ausgebildet worden. Man möge sie, wenn möglich, nur beobachten, nicht ansprechen, damit sie im Interesse der Authentizität im Rahmen ihrer Aufgaben blieben. Sie seien aber angewiesen, sich miteinander in ihrer originalen Mundart zu unterhalten.

Im einzigen Gasthof des Dorfs, der nur von Mietwagen und außerhalb der Öffnungszeiten des Dorfs angefahren werden dürfe, sei die Beherbergung ebenfalls nur im Rahmen der für das Dorf charakteristischen Lebensformen möglich. Außerhalb des Dorfs – in der Versorgungseinheit – finde der anspruchsvolle Besucher jedoch jeden gewünschten Hotelkomfort.

Als weitere Attraktion biete man den Gästen das Erlebnis einer funktionierenden Hochalm mit originalem Viehbestand und ohne Elektrizität an. Die Sennerin sei, wenn es ihre Arbeit zulasse, gern zu einer Kostprobe des passenden Volksliedgutes bereit und auch weitum als vorzügliche Jodlerin bekannt. Auch die übrigen im Dorf Beschäftigten (denen man kein Trinkgeld anbieten möge, da sie angemessen entlohnt würden) seien in der Lage, das Liedgut ihres jeweiligen Berufsstandes zu interpretieren. Entsprechende Wünsche seien aber an das Betriebsbüro zu richten. Man bitte im Übrigen um freundliches Verständnis dafür, dass die früher angebotenen Feste (besonders beliebt: Weihnachten, Fasching und Erntedank) nicht mehr durchgeführt werden könnten, da es dabei mehrfach zu Fraternisierungsversuchen durch Gäste gekommen sei, die der Echtheit und Geschlossenheit des Eindrucks stark geschadet hätten. Man hoffe demnach, alles getan zu haben, um dem Leitgedanken des „Lebenden Dorfs" so nahe wie möglich zu kommen, sei auch ständig bestrebt, das Dorf zu erweitern und die Lebensbilder zu vermehren und wünsche den Besuchern einen unvergesslichen Aufenthalt.

Während des Lesens hat sie sich vom Dorf wie auch von der Versorgungseinheit stetig entfernt und wählt nun einen unbeschilderten Seitenweg, von dem sie hofft, dass er sie nicht wieder zurückführen würde.

Es ist ihr nicht bewusst, wie lange sie gegangen ist, als sie das Arbeitsgeräusch eines Bulldozers vernimmt. Sie geht ihm entgegen und kommt zu einer Wegbaustelle. Da sie nicht annimmt, sich noch immer im Bereich des Lebenden Dorfs zu befinden, fragt sie den Baggerführer, wohin der Weg führe, und der nennt ihr den Namen eines einzelnen Gehöfts, zu dem man gerade eine bessere Zufahrt baue. Der alte Weg sei aber, etwas oberhalb, erhalten und gangbar.

Sie schlägt also den empfohlenen Weg durch verfilzten Bergwald und an Felswänden vorbei ein, hat gelegentlich Ausblicke ins Tal und nähert sich immer mehr einem allmählich sichtbar werdenden Hof aus Futterhaus und Wohnhaus, dessen Dach sonderbar hell glänzt. Aus geringerer Distanz zeigt sich, dass auf dem alten, vielfach mit Blech und Holz geflickten Strohdach eine Plastikplane liegt, die das Dach großteils überdeckt und mit Balken und Stricken festgezurrt ist. Beide Bauten machen einen vernachlässigten, gleichsam verzweifelten Eindruck, ganz verschieden von der zuckrigen Vollkommenheit der Häuser im Dorf.

Zuletzt zeigt sich, dass, wer immer den Hof bewirtschaftet, gar nicht im Wohnhaus des Anwesens lebt, sondern in einem gemauerten, fensterlosen Teil des anderen Gebäudes, dessen Tür offensteht und Einblick gewährt. In dem sauber geweißten, mit einer Spanplatte nach rückwärts begrenzten, niedrig gewölbten Raum stehen zusammengewürfelt einige weiße Küchenmöbel und ein Holzherd, Tisch und Stuhl und an einer Wand eine diwanartige Liegestatt, aber während der herrschenden warmen Jahreszeit scheint der Bewohner (denn es ist nur Platz für einen) mehr draußen als drinnen zu wohnen. Vor der Tür nämlich steht eine roh zusammengezimmerte Bank mit einer gefalteten Decke darauf, ein Tisch davor, der mit der Bank unter dem weit vorkragenden Dach Schutz hat, und daneben gibt es einen Holzstock mit einer abgesprungenen emaillierten Waschschüssel darauf und einem Eimer daneben. Das Handtuch hängt darüber an einem Aststumpf des ausladenden Zwetschgenbaumes. Die Fenster des Wohnhauses sind blind vor Schmutz, die Geranien auf der Fensterbank vertrocknet. Der Eingang liegt am Ende einer hohen Steintreppe mit überdachter Plattform im Obergeschoss des in den steilen Hang hineingebauten Hauses.

Da die Tür halb offensteht, steigt sie die Stufen hinauf und tritt ins Innere des Hauses. Es besteht zum größten Teil aus einer bis ins Dachgebälk hinaufreichenden, völlig schwarzen Rauchküche, beherrscht vom gewaltigen, offenen Herd, auf dem jedoch keinerlei Spuren kürzlichen Gebrauchs festzustellen sind. Auch keine rußgeschwärzten Pfannen, kein Pfannenknecht oder anderes Kochgerät sind zu sehen, aber es stehen Kartons und Plastiksäcke herum, in denen wohl alte Kleider und Tücher sind. In einem schwarzen Müllsack stecken große Mengen von Flaschen und Dosen.

Eine Tür führt von der Rauchküche in eine grün gestrichene, holzgetäfelte Stube, die aber nicht bewohnt, sondern mit allerlei Plunder vollgeräumt ist, so als hätten Erben eine unbrauchbare Verlassenschaft zum Abtransport hergerichtet. Unmengen von Fliegen klumpen sich an den Fensterscheiben. In der Rauchküche hängt ein alter Geruch von Ruß, Moder und saurer Milch, der noch nicht durch das Dach entwichen ist. Der ist das Einzige, was an Bewohntheit noch übrig ist, gänzlich verschieden von dem Geruch in der Rauchküche des „Lebenden Dorfs", wo es nach neuer Farbe und sonst nichts gerochen hatte. Sie fühlt sich von dem Geruch merkwürdig getröstet und steigt die Steintreppe wieder hinunter. Ein Mann mit einer beladenen Kraxe auf dem Rücken, in kariertem Arbeitshemd, abgetragenen Jeans und dem üblichen blauen Schurz darüber kommt ihr auf dem Weg entgegen und grüßt. Rede und Gegenrede entstehen, und der Mann mit der Kraxe erweist sich als der frühere Knecht und jetzige Erbe des

Hofs, dessen zwei ledige Besitzerinnen vor Kurzem nacheinander gestorben waren. Der Mann, selbst in den Vierzigern und ebenfalls allein, hat sich seine Wohnung selbst gerichtet, vorher war der gewölbte Raum der Vorraum des Backofens gewesen. Solche Arbeit, wie auch die übrige Bauernarbeit, mache ihm Freude, er lebe gern in der *Einschicht,* gehe nie ins Wirtshaus, und eine Frau wolle er jetzt auch nicht mehr suchen. Sein Auto habe er am vorläufigen Ende des Fahrwegs abgestellt, von dort habe er Lebensmittel heimgetragen. Er hoffe, dass bis zum Einbruch des Winters die Zufahrt fertiggestellt sei, sodass er in absehbarer Zeit mit dem Wagen zum Hof gelangen und sich auch einen Einachser, einen kleinen Schlepper, anschaffen könne. Wenn dann noch Geld übrig sei, werde er das undichte Dach des Wohnhauses neu eindecken.

Zum Bahnhof müsse man nur einfach den Weg weitergehen, bis hinunter zur Talsohle.

Sommerfrische

Ein Sommerfrischhaus am Ritten sei eine der acht Bozner Seligkeiten, hat man ihm gesagt. Dann wäre die Terrasse an einem Sommertag die neunte. Der Kaufmann aus Hamburg (Import-Export, vor allem Bier, mit Kontorhaus auf der Großen Bleichen) wird sich demnächst eine solche Villa kaufen. Dann wird er den Besucher, dessen Pleinair-Bilder er seit einigen Jahren sammelt, veranlassen, die Stimmung in einer Lichtmalerei festzuhalten.

Noch hat er ein Haus nur für die schönsten Monate gemietet und betrachtet nun vom rechten Bildrand aus, den Armsessel nah an die Balustrade gerückt, schon fertig zum Spaziergang in Hut, Sportjackett und Kniebundhose, den gestuften Tiefblick: Vor dem Rosengarten bilden sich Gewitterwolken, der Latemar steht im Dunst. In den Ausschnitten der gekreuzten Balken der Balustradenfüllung steht nah, aber tief unten, das Kirchlein von Siffian und der Stadel vom benachbarten Moarhof.

Am anderen Bildrand, mit den Rücken zur Aussicht, der Sohn im blauen Spielkittel vor der etwas größeren Schwester im grünen Kleid mit weißem Sonnenhut. Gleich werden sie mit der Kinderfrau zu einer Wanderung nach Bad Siess aufbrechen. Die rechte Hand des Mädchens ruht auf der Schulter des Jungen, die linke stützt sich auf ein kirschholzrotes Tischchen oder besser eine kleine Schreibkommode, auf der eine Briefmappe liegt neben einem Geranienstock, der noch mehr Rot einträgt in das Bild.

Noch etwas Weiß zu all dem Sonnenlicht und Dunstblau kommt von dem am Boden sitzenden kleinen Buben, einheimisch gekleidet, also vielleicht ein Nachbarskind in kurzer Lederhose und weißem Hemd und spitzem *Hirtenhütl,* das hernach mitgehen darf mit den „herrischen" Kindern.

❧ EIN LAUSBUB

Einen Lausbuben muss man ordentlich zurechtschleifen, sagen die Verwandten. Am besten zum Onkel Hans mit ihm, in eins seiner Alpenhotels! Nach Igls vielleicht ins *Maximilian* oder ins *Scholastika* am Achensee, am besten aber in die *Post* in Klobenstein, da ist das Hauptquartier des Onkels.

Also schickt die Mutter den Lausbuben aus Regensburg mit dem Zug los: *... über den Brenner nach Bozen. Die ganze Zeit hing ich am Fenster. Von Bozen geht die Zahnradbahn auf den Ritten. Klobenstein war wunderschön in seinem Ring ferner Berge, das Haus ein weitgestrecktes, solides, mit Blumen üppig geschmücktes Alpenhotel. Onkel Hans und Tante Marie holten mich am Bahnhof ab.*

Onkel Hans war kräftig gebaut, aber nicht fett, er trug einen Bart wie King Edward und am kleinen Finger seiner rechten Hand einen immensen Brillanten, so groß, als wäre es Strass. Er predigte mir lang und breit in seinem kleinen, niedrigen, getäfelten und mit Antiquitäten dekorierten Büro, warum ich gekommen sei und wie man mich behandeln würde. Hinten im Hotel, bei den Eiskästen und Speisekammern, war eine altmodische Eismaschine, die in stetem Rhythmus vor sich hin pochte. Onkel Bemelmans horchte ständig auf den Moment, wenn das Klopfen unregelmäßig wurde, dann unterbrach er, was immer er gerade tat, und kümmerte sich um die Maschine. Niemand durfte das Ding berühren. Ständig redete er von Amerika und davon, dass dort Lausbuben wie ich sehr reiche Männer werden könnten. Wenn die Lektionen zu lang dauerten, kam Tante Marie ins Büro und meinte, es sei nun genug, und er solle mich gehen lassen.

Eines Tages wurde beschlossen, dass ich nun von 8 Uhr früh bis 3 am Nachmittag arbeiten und alles tun müsse, was mir gesagt werde. Die restliche Zeit wäre ich Onkels Neffe, äße am Familientisch und hätte ein Pferd zur Verfügung.

Die Morgen in Tirol sind die schönsten Momente der Welt. Ich stand um 5 Uhr auf, sattelte mein Pferd und ritt zur Sägemühle. Sie stand an einem lebhaften Bach, flankiert von hohen, geraden Bruchsteinmauern, unter hohen Bäumen. Daneben, unter den zwei höchsten und ältesten Bäumen, war ein kleines Gasthaus mit einem Garten, einer gebogenen Holzbank und zwei runden Steintischen. Dort hielt ich jeden Morgen um 7 Uhr an, trank ein Viertel Rotwein und tauchte hartes Bauernbrot hinein. Ich blieb, so lange ich konnte, und ritt rechtzeitig für meinen Dienstbeginn zurück.

Tante Marie war dann meist schon auf und Onkel Hans bei seinem Morgenspaziergang. Einmal schaute sie mich inständig an und fühlte an meinem Kopf herum: Es müsse die Höhenlage sein, dass ich morgens so fiebrig sei, sagte sie zu Onkel Hans. Und ich hätte auch ganz glänzende Augen. Dann fanden sie das mit dem Wein heraus und einige andere Dinge dazu, und der Onkel sagte, das Halb-und-halb-Arrangement sei zu Ende. Zuerst schickte er mich in sein Hotel nach Meran und im Lauf eines Jahres durch alle seine Hotels. Jeder Direktor wurde an mir ausprobiert. Alle versagten und schickten mich zurück. Beim letzten Mal, der Onkel war gerade bei seiner Eismaschine, meinte Tante Marie, sie wisse nicht mehr, was aus mir werden solle. Als Onkel Hans zurückkam, meinte er, ich könne nun wählen: entweder Schiffsjunge auf einem Handelsschiff, wo man mit in Teer getauchten Seilenden diszipliniert werde, oder Amerika. Ich entschied mich für Amerika.

Der Lausbub heißt Ludwig Bemelmans, und in Amerika (den Vereinigten Staaten) kennt jedes Kind, wenn nicht seinen Namen, so doch den seiner literarischen Erfolgsfigur, die 1939 erstmals auf dem amerikanischen Buchmarkt erscheint: Das Waisenkind Madeline, ein munteres Schulmädchen in einem Pariser Internat.

In insgesamt sieben Madeline-Büchern hat Bemelmans den ersten Erfolg weitergeschrieben, es gibt Madeline als Cartoon, Madeline als Animationsserie fürs Fernsehen, Madeline als Kinofilm. Madeline, die von einem Hund aus dem Fluss gerettet wird, Madeline, die am Blinddarm operiert wird, Madeline in London, im Zirkus, zu Weihnachten, Madeline, die gekidnappt wird, schließlich Madeline, die reich erbt vom amerikanischen Urgroßvater.

Dazu die Marketingflut der Spin-offs: Madeline auf Rucksäcken, auf Armbanduhren, als Papierpuppen und auf Zahnbürsten. Und dann auch noch *Madeline at the White House,* ein lehrreiches Spiel für 2–4 Kinder, inklusive Reiseführer für Washington D.C.

Eigentlich hatte das Schreiben und gleichzeitige Zeichnen schon 1934 mit dem Ratschlag einer New Yorker Lektorin begonnen: *Do a children's book on Tirol ...!* – Ein Kinderbuch über Tirol solle er machen.

Ein paar Monate später war *Hansi* fertig, mit eigenen Illustrationen, die Geschichte eines Buben, der mit der Zahnradbahn hinauf in die Berge geschickt wird zu seinem Onkel, wo er wunderbare Weihnachtsferien erlebt.

Zwei Jahre später kam *The Golden Basket,* wieder eine Kindergeschichte mit eigenen Illustrationen des Autors, die in Brügge spielt und im berühmten Dom ein hübsches, keckes Internatsmädchen namens Madeline als Appetithäppchen auftreten lässt. Beide Bücher werden heute als Raritäten für Hunderte Euros und Dollars angeboten, vor allem wegen der Illustrationen.

Überhaupt empfand Ludwig Bemelmans sich stets als einen zum Schreiben, einer für ihn qualvollen, mühseligen Tortur, gezwungenen Zeichner. (Und das, obwohl er in seinen Büchern gewissermaßen immer vom eigenen Leben abgeschrieben hat. Übrigens hatte er auch eine eigene Tochter, Barbara.) 1955 präsentierte er sich auf der Titelseite des *New Yorker* mit einem locker-heiteren Wimmelbild einer alpinen Skipiste.

Nach dem ersten Madeline-Buch, 1939, begann das Nachdenken über ein weiteres. In dem Sammelband *Tell Them It Was Wonderful* (1985) wird von Bemelmans eine Episode überliefert, die sein Schreiben illustriert:

Es dauerte 10 Jahre, bis das nächste kam: ‚Madeline's Rescue'. Eines Tages, das Buch war schon fertig und im Druck, stand ich und schaute auf die Seine, gerade gegenüber Notre-Dame. Ein paar kleine Jungen zeigten auf irgendwas, das im Fluss schwamm. Einer von ihnen schrie:

‚Da kommt das Holzbein meines Großvaters!' Ich schaute auf das Objekt,
das näher kam, und merkte, dass ich in meinem Buch die Seine in der
falschen Richtung hatte fließen lassen.

Bemelmans erstes Buch für Erwachsene mit dem anzüglichen Titel
My War with the United States (wohlgemerkt: für, nicht gegen!) schildert seine Erlebnisse als amerikanischer Soldat im Ersten Weltkrieg,
freilich nicht an den europäischen Kriegsschauplätzen, wovon er als
gebürtiger Österreicher verschont blieb.

Und da ist nun endlich einiges nachzutragen: geboren 1898 in Meran,
angekommen in New York 1914 mit dringlichem Empfehlungs-
schreiben des Onkels an den Direktor des *Ritz-Carlton*, 1917 den
Dienst in der Army der Hotelarbeit vorgezogen, „naturalisierter", also
eingebürgerter Amerikaner seit 1918.

Nachzutragen wäre auch, dass Ludwigs Vater, der Maler Lambert
Bemelmans, seine Frau, die Regensburger Brauerstochter Franziska
Fischer, bald verlassen hat und ebenfalls nach Amerika gegangen
ist.

Es soll auch nicht verschwiegen werden, dass es wohl nicht Ludwigs
frühmorgendliches Wein-Viertele gewesen war, das beim gestrengen
Onkel Hans das Fass zum Überlaufen gebracht hatte, sondern ein
von Ludwig im Streit verletzter Kellner: durch einen Teller, gar
durch einen Schuss – oder war es der Onkel selbst, der verletzt worden war? In diversen Lebensberichten stehen mehrere Varianten
zur Auswahl.

Die transatlantische Emittierung des Lausbuben Ludwig ist aber
offenbar die richtige Maßnahme gewesen, um ihn auf seinen eigenen
Weg zu bringen, wenn auch wieder nicht auf einen geraden.

In der Episode *Sawmill in Tirol* erzählt Bemelmans von sich als
27-Jährigem und von einem neuerlichen Aufbruch, diesmal vom
Schliersee aus, wohin es Verbindungen des mütterlichen Regensburger Familienzweigs gab. Auf einer Bank am See sei ihm ein
kurzer, aber gleichsam ewiger Moment äußerster Klarheit wider-
fahren:

Ich sagte laut zu mir selbst: Das Leben ist Mutter und Vater, Haus und Garten, Kindheit, Spiel, Arbeit, Liebe, Kinder ... – Das ist nicht, was im Splendide (dem Hotel Splendide seines Romans, das für das Hotel Ritz-Carlton steht) abläuft ... Ich war mir sicher, dass ich nun endlich mein Leben ordnen könnte. Ich nahm den Zug nach Tirol (denn Schliersee schien mir noch zu weltoffen für das, was ich im Sinn hatte).

Ich suchte die Sägemühle, wo ich als Bub so glücklich gewesen war. Sie stand zum Verkauf, und ich kaufte sie. Das Haus und die Mühle und alles drumherum waren tadellos. Der alte Sägemüller hatte eine Frau, die das Haus betreute. Es gab schöne Tiere, abgenutzte Fuhrwerke, die Räume, die Bäume – alles war eine Antwort auf meine Vorliebe für gute, einfache Form, für Farbe, für Angemessenheit. Jetzt würde ich noch eine einfache Frau heiraten wollen, einfacher noch als die Vorstellung meiner Mutter von einer Frau, irgendwie bäuerlich, gut gebaut an Körper und Seele, wie ein behaglicher Ofen, die kochen und singen und gesund sein würde – und Kinder haben.

Ich schrieb meiner Mutter nach Regensburg, sie möge zusammenpacken und kommen und Frau Uhu mitbringen, ein altes Familienrelikt, die ‚Oohoo‘ antwortete, wenn man sie rief, und daher ihren Namen hatte. Ich schrieb, von nun an würde ich ihr Freude und Stolz bereiten, ein einfaches Leben führen und mit dem Hund spazieren gehen, Frau und Kinder haben.

Mutter packte und nahm den Zug, aber als sie kam, war ich fort.

Ich war beinahe krank geworden schon am dritten Tag. Ich ging herum und berührte die Bäume, saß an dem Steintisch, wo ich als Junge meinen ersten Wein getrunken hatte. Ich schaute in mein Gesicht und sah, dass die Zeit nicht stehengeblieben war. Ich war zwar derselbe, aber ich war 27 und fühlte mich schrecklich alt und schuldig dafür, dass ich hier nicht glücklich sein konnte. Es war hier zwar alles perfekt, aber ich konnte nicht den ganzen Tag herumlaufen und ‚Wie schön!‘ rufen.

Mitten in der Nacht stand ich auf und suchte meinen Pass. Ich dachte an New York ..., an Montana ..., an Rising Wolf Mountain im Glacier

Park. Ich dachte an die weite Prärie ..., an das flirrende Abendlicht in den Beifußbüschen, wie ein Meer gefrorener Tinte, über das Gelb und Kupferrot spielte, an einen Indianer, der über den Horizont ritt, ganz allein auf seinem Pferd.

Tirol erlaubt keinen Vergleich mit dem amerikanischen Westen.

Plötzlich wurde die kleine Mühle in Tirol eine kleine bemalte Spiel-dose, auf der hübsch uniformierte Postboten, kostümierte Bauern, englische Touristen und deren Kindermädchen sich zur Musik einer Zither drehten. Es war ein Fremdenverkehrsplakat, ein mittelmäßiges Bühnenbild.

Ich bekam solches Heimweh nach Amerika – sogar nach dem häss-lichen Gastank, den man als Erstes sieht, wenn man im Ambrose Channel auf den New Yorker Hafen zufährt –, dass ich am nächsten Morgen flüchtete, den Express nach München nahm und den Zug nach Rotterdam.

Auch später ist Ludwig Bemelmans der Spiegelblick ins eigene Gesicht wieder passiert, etwa mit 31; da waren es die vielen Spiegel im *Ritz-Carlton*, die ihn sich abscheulich fühlen ließen. Dann war es wieder Zeit, *sich ins Leben zu werfen. Alles, was ich hier lernen konnte, hatte ich gelernt. Aus dem Luxus-Protektorat und Refugium, das das Ritz gewesen war, schritt ich hinaus in die kalte Welt ...*

Nach zwei Wochen war die Welt nicht nur kalt, sondern auch kaputt: Es war 1929, die Wirtschaftskrise in den USA: Great Depression und Black Friday: *Niemand kaufte Bilder, niemand hatte Geld. Ich verkaufte nicht ein Bild, nichts.*

Die Wirtschaftskrise sollte bis 1939 dauern, bis *Madeline* sozusagen. Und Ludwig Bemelmans sollte sich noch oft „häuten", bis er an die 50 Buchpublikationen vollendet hatte, darunter auch den 1945 in New York erschienenen Roman *The Blue Danube* (New York, 1945). Die deutsche Übersetzung *An der schönen blauen Donau* erschien erst 62 Jahre nach dem Original, 2007.

In Regensburg, wo die skurrile, grotesk überzeichnete Geschichte spielt, fließt die Donau freilich nazibraun. Da lebt auch der alte Anton,

der gefährliche Brandreden hält gegen die Unterwürfigen: *Das Zittern vor Angst, das ist eure alte Krankheit!*
Und dann ohrfeigt er auch noch den Gauleiter.
Es ist ein seltsamer Roman, voll drastischem Humor, wie man ihn aus Bayern wohl erwarten konnte. Es macht Spaß, ihn zu lesen, auch wenn er literarisch an manchen Stellen doch etwas zu holzschnittartig vorgeht. Aber dennoch: Man liest ihn gerne, vielleicht gerade, weil er vom Krieg, vom Widerstand einmal nicht so fein erzählt, sondern eher in der Tradition, aus der auch Biermösl Blosn oder Polt kommen, nicht literarisch, nicht gerecht, aber genau. (Georg Patzer in *literaturkritik.de*)
Ludwig Bemelmans hat sich oft und gern mit der Analyse seines eigenen Charakters unterhalten. Er fand auch, er sei *contrary by nature,* querköpfig, bockbeinig und widersetzlich. Das sei so schon seit seiner Geburt in Meran, die laut Pass am 27. April 1898 gewesen sein soll, während seine Mutter behauptet habe, er sei am 31. geboren. Er stehe prinzipiell „auf der anderen Seite", er hasse es, Rundfahrttickets zu ordern, er nehme lieber die einfache Fahrt, *weil ich mir die Möglichkeit offenhalten möchte, niemals zurückzukommen.*
Am 1. Oktober 1962 ist Ludwig Bemelmans in New York an Pankreaskrebs verstorben. Ein paar Monate zuvor habe er, so wird berichtet, Regensburg noch einmal besucht und *ein jährliches Bratwurstessen für die schlechtesten Schüler der Stadt* stiften wollen, *aber nicht für die Zerstörer und Randalierer, sondern für die Unangepassten, Störrischen, Gegen-den-Strich-Denkenden.*
Begraben ist er im Militärfriedhof Arlington/Virginia, was ihm behagt haben dürfte, da er schließlich in beiden Weltkriegen den Vereinigten Staaten gedient hat. Sein Enkel, John Bemelmans Marciano, Jahrgang 1970, kümmert sich bis heute um den Nachruhm seines Großvaters.
Es wäre durchaus möglich, anlässlich eines New York-Besuchs unter dem Bemelmans-Wandbild *Central Park* in der Bar des *Carlyle Hotels* auf der Upper East Side von Manhattan einen Drink im Andenken

an den einstigen Tiroler Lausbuben Ludwig zu nehmen. Um eine andere seiner Wandmalereien im Kinder-Speisezimmer der ehemaligen Yacht von Aristoteles und Jackie Onassis zu sehen, wäre allerdings eine Dreiviertelmillion Euro für eine Charterwoche aufzuwenden.

❧ WIRTSMANDL

Der war nun wirklich und wahrhaftig reich. Sicherlich der Reichste am Ritten in der 2. Hälfte des 19. Jahrhunderts, und das schon mit 45. Weil er aber auch eine Legende ist, kann es freilich sein, dass er entweder weniger reich oder noch reicher war. Und in jedem Fall blieb er reich nur bis zu seinem Tod. Das ist bekanntlich bei allen Reichen so, wenn sie nicht sogar bei lebendigem Leib schon verarmen. Wenn ein Reicher aber dann doch von familiärem Unglück betroffen wird, dann bereichert das vor allem die Legende.

Warum man einem derart Reichen das Diminutiv *-mandl* mitgegeben hat, ist nirgends mehr zu erfragen. So lassen wir ihn einfach klein von Statur und schmächtig gewesen sein.

Vom *Wirtsmandl* wird ein Spruch überliefert, der zeigt, dass Reichwerden auch weise macht, allerdings ist die Weisheit eher von der zynischen Sorte:

Geld machen isch oanfach, wenn oan die Leit net derbarmen, soll der *Stafflerlix* (ein anderer der Vulgonamen für Felix Mair, 1822–1898) gesagt haben. Mit dem Erbarmen ist es ja so eine Sache, wenn sich so viele Chancen bieten wie dem *Wirtsmandl* zu seiner Zeit.

Das ist jedenfalls eine Zeitenwende, denn seit 1867 ist die Eisenbahn über den Brenner in Betrieb und bringt nicht nur Dichter und Maler, sondern auch neugierige Gebirgstouristen, vor allem aber rasch, verlässlich, billig und in gewaltiger Menge importierte Waren ins Land und auch auf die Bozner Märkte, wo die Rittner Bauern nun mit ihren Produkten nicht mehr so leicht mithalten können.

Das Teufelsrad beginnt sich zu drehen: weniger Absatz, weniger Bargeld, Verschuldung, Versteigerung ... – aber da ist nun der *Stafflerlix,* das *Wirtsmandl:* handelt und kauft und makelt, erwirbt Gasthöfe für immer mehr Ausflügler und Touristen, kauft vor allem Höfe, eine ganze Liste von ehrwürdigen Namen: *Sallroan* und *Tann, Klea, Flanderer, Kammerland* und *Gruber, Suttner* und *Aschtner, Roat* und *Torggler* und *Schlechtleitner* samt Weingütern und Almflächen und Wäldern. Handelt mit Mastvieh und den berühmten Rittner Zugochsen, schafft Reit- und Tragpferde an. In Klobenstein gehört ihm so gut wie das ganze Dorfzentrum mit beiden Gasthäusern *(Staffler,* heute *Post-Bemelmans,* und *Tannheim,* später *Alpenrose):* Eine ganze „Kolonie", wie man das damals nannte, samt Telegrafenstation, Postamt und Gendarmerieposten, dazu noch eine Metzgerei, eine Schmiede, ausgedehnte Stallungen. Und es war was los in Klobenstein: täglich Table d'Hôte, Landpartien, musikalische Abendunterhaltungen, Bälle. Billardsaal, Musiksalon, Kegelbahn. Mineral- und Heilwasserquelle. Also wird dem Lix auch das damalige Heilbad Bad Siess gehört haben.

Am liebsten hätte er auch noch das vom Deutschen Orden zur Pacht ausgeschriebene Gasthaus *Amtmann* samt Bauernhof in Lengmoos gehabt, aber da habe sich der damalige Pfarrer widersetzt und vor der Monopolstellung des Rittner Tycoons gewarnt, der eh schon viel zu viel besitze und noch dazu dem Deutschen Orden nicht freundlich gesinnt sei. Wie ja überhaupt der *Stafflerlix* so ein typisches Kamel sei, das nicht durchs Nadelöhr passe (oder eigentlich ein Schiffstau, denn das Kamel sei bloß ein Übersetzungsfehler). Und der werde dann schon sehen, was ihm von all seiner Gier bleibe.

Das könnte fast wie eine Verwünschung geklungen haben, und vielleicht haben etliche Leute am Ritten auch so etwas vermutet, 30 Jahre später, als es beim Lix mit den Tiefschlägen des Lebens losging.

Die erste Trostlosigkeit wird ihm vom Tod seiner einzigen Tochter Marianne gekommen sein, die 1887, als die Welt für den Lix noch mehr als in Ordnung war, einen K.-u.-K.-Offizier geheiratet hatte, was zunächst durchaus zur Konsolidierung des familiären Aufstiegs beigetragen haben wird, jedenfalls eine gutsituierte Verbindung war. Wenn die junge Frau nicht schon nach drei Ehejahren samt ihren zwei kleinen Kindern Seppele und Mariele im Weiher des *Zingglmoar*-Hofs des Barons Eyrl in Klobenstein den Freitod gesucht hätte.

Dann stirbt ihm 1896 die Frau weg, Maria, eine gar nicht ferne Verwandte vom *Penzlhof* in Rotwand.

Sohn Anton hat schon eine Tirolerin von jenseits des Brenners geheiratet und geht mit ihr „hinaus", wie auch Sohn Alois, der zuerst am Ritten als Wirt und Schützenhauptmann dem Vater auf dem Erfolgsweg zu folgen scheint, aber dann mit seiner zweiten Ehefrau nach Steinach zieht, ebenfalls „hinaus". Der dritte Sohn Felix macht das Unglück voll und füttert die Legende, wie es ärger nicht sein könnte. Das hölzerne Seebad Utoquai an der beliebten Zürcher Strandpromenade (im Volksmund *die Badi)* ist der älteste, 1890 eröffnete und einzig verbliebene einstige „Badepalast" am Zürichsee, heute noch eines der trendigsten Sommerbäder von Zürich mit seinem nostalgischen Laubsäge-Charme und den hartnäckig beibehaltenen getrennten Arealen für Männer und Frauen. (Unkundige Badegäste, warnt die Direktion, *müssten daher etwas achtgeben, dass sie nicht das falsche Areal anpeilen).*

Wie der ledige Felix Mair an den Zürichsee gekommen sei, *aus dem Tirol* – wie man in Zürich wohl gesagt haben wird, denn damals gab es ja weder ein Nord- noch ein Südtirol (als „Südtirol" galt das welsche Tirol bis hinunter zum Gardasee), wie er also an den Zürichsee gekommen sei, hat sich daheim am Ritten nicht überliefert, auch nicht, ob er sich die Namensgleichheit mit dem reichen Vater zunutze gemacht habe für das Schweizer Luxusleben eines Söhnchen-Dandys. Tot im Wasser des Sommerbades am Utoquai treibend ist er jedenfalls aufgefunden worden, 1897, im Jahr bevor der Hilfsarbeiter Lucheni der Kaiserin Elisabeth am Genfer See beim Schiffsanleger eine Feile in die Brust rammen wird. Wie ja auch neuerdings wieder einer am

Utoquai zu Tode gekommen ist, ein Teilnehmer der Street Parade von 2022, der sich aus lauter Übermut dort ins Wasser gestürzt hat und nicht mehr aufgetaucht ist.

Was es bei dem unglücklichen Tiroler Felix gewesen war, ist nie herausgekommen, und den Vater wird es doppelt geschmerzt haben, denn fragt nicht jeder *Warum?*, wenn es um einen rätselhaften Todesfall geht, und wäre nicht eine klare Antwort darauf denn doch einen guten Trost wert?

Was hilft es dem Lix nun, wenn er zu Pferd vom Rittner Horn über 2000 Höhenmeter bis hinunter ins Eisacktal auf eigenem Grund und Boden reiten kann? Es hat eine Zeit gegeben, da er damit geprahlt und gleichzeitig mit den Kreuzern im Hosensack geklimpert hat.

Viele Kreuzer machen am End a eppes aus! Das hat er auch gern gesagt, aber schließlich hat er seine eigenen Sprüche, wenn sie ihm als Zitate zugetragen wurden, direkt widerwärtig gefunden. Und sich selbst auch, scheint's.

Ein Jahr nach dem jungen Felix ist auch der alte Lix gestorben. Sein Besitz ist schneller zerstoben als es gedauert hatte, ihn zusammenzuraffen.

❖ DIE DOKTER

Das könnten ein paar junge Leute heute leicht machen: die eigene Gemeinde entlang ihrer Grenzen umrunden, es sind schon dümmere Wetten vereinbart worden. Zum Beispiel hätten sie auf einem Dorffest beim „Frühshoppen mit Weißwurst", wie es auf dem Plakat steht, in der schönsten Bierlaune gegenüber ein paar Burschen aus der Nachbargemeinde Sarntal prahlen können, ihre Gemeinde sei die größte des Landes. Dagegen hätten die anderen behauptet, die größte sei die ihre, und zwar gleich dreimal so groß. Wetten? Die verlieren, gehen die jeweiligen Grenzen ab. Da hätten die Rittner

Burschen gegenüber den Sarner Burschen dann sauber verloren. Wenngleich die Meinungsverschiedenheit anders als sonst oft, wenn man gegeneinander blutig handgreiflich geworden ist, friedlich ausgegangen wäre.

Die Rittner wären also Etappe für Etappe mit ihren Navis um ihren Bergrücken herumgegangen, erst halbhoch am Hang den Eisack entlang gegen Norden und die weiteren 2000 Höhenmeter hinauf zum Rittner Horn, das erstens kein „Horn", sondern eine Kuppe mit einem felsigen Nord-Absturz und zweitens nicht ihres ist, sondern der anderen Nachbargemeinde Barbian gehört, und dann über die weiten Flächen der Rittner Alm wieder hinunter über den Abhang zum Sarntal bis zum Fluss Talfer und ein Stück oberhalb der Stadt Bozen zum Ausgangspunkt zurück: 111 Quadratkilometer.

Das Fürstentum Liechtenstein ist auch nicht sehr viel größer. Aber während sich dort heute 120 Ärzte um 37.000 Menschen kümmern (je einer um etwa 300 Leute), haben die 8000 Rittner deren fünf (je einer für 1600 Leute). Wenn einer oder eine von ihnen im Urlaub ist, hilft man sich gegenseitig aus – oder es übernimmt eine Vertretung die Ordinationszeiten und die Hausbesuche. Die Vertretung, kann sein eine junge, gebietsunkundige Ärztin aus der Stadt oder von weiter her aus Italien, lässt sich lieber per Telefon zu entlegenen Zielen begleiten als per GPS oder sonst einer Orientierungs-App. Man weiß ja, die führen manchmal sogar einen Lastzug in einen einspurigen Weg, der im Nirgendwo oder bei einem Bauernhof endet, wo das Umkehren ein Problem ist.

Bis nah an die Jahrtausendwende war überhaupt für alle Leute nur ein einziger Arzt da: Gemeinde-, also auch Amtsarzt. Festnetztelefon (was sonst?) in der Ordination und daheim bei der Frau. Dort durfte man auch anrufen, wenn's *pressierte* und der *Dokter* unterwegs war, sich aber brav vom jeweils abgeleisteten Hausbesuch bei der *Frau Dokter* meldete.

So haben sie es immer gemacht, die Rittner Gemeindeärzte, zumal die *vor der Stroß,* also bevor der Ritten eine Autostraße, eine Landesstraße, eine Panoramastraße gar und feine Gemeindestraßen in alle 12 Fraktionen und autotaugliche Zufahrten zu allen, auch den entlegensten Bauernhöfen hatte.

Am Beginn des hier propagierten Jahrhunderts, 1923, steht ein Leichenzug und ein Totenzettel. Den Leichenzug für den *guten Herrn Doktor* Josef Bachmann schildert die Zeitung *Der Volksbote* noch mit deutschen Ortsnamen (der Faschismus hat zwar ein Jahr zuvor schon einen „Marsch auf Bozen" veranstaltet, aber noch nicht dem ganzen Land die Zähne gezeigt):

Jung und alt, alle Korporationen des ausgedehnten Rittengebietes haben daran teilgenommen. Dem Sarge voran schritten elf Priester, geführt vom Herrn Pfarrer Bonifaz Kravogl. Schützen in Rittnertracht trugen die Leiche ihres Hauptmannes, während Feuerwehrmänner Spalier bildeten ... Seine imposante Erscheinung, sein wallender weißer Bart und sein strammes Auftreten ...

Das glaubt man dem Profilfoto auf dem Sterbebildchen sofort. Der militärische Geschmack der Feierlichkeit ist kein Zufall, sondern gehört zum Leben des Arztes, der, 1845 im Pustertal geboren, mit 21 Jahren schon für Österreich in den 1866er, den „Deutschen" Krieg zieht, den Österreich verliert und den der junge Mediziner als Leutnant verlässt. Sein Medizinstudium und seine Anfängerjahre absolviert er in Graz, seine erste Stelle in Kastelruth.

Am Ritten wird er 34 Jahre Gemeindearzt bleiben, wird seine Patienten hoch zu Ross besuchen, sich soliden Besitz von Häusern schaffen (und alle mit Namen auf -egg benennen und sie so den noblen Sommerfrisch-Ansitzen gleichstellen), um 1900 sogar selbst ein Hotel bauen, wird „Korporationen" gründen und ihnen voranschreiten, wird Ehrungen empfangen, wird schon gut mit Touristen verdient haben und wohlgefällig beobachtet haben, dass sein Sohn Max (nachdem er den Sohn Ludwig im Ersten Weltkrieg verloren hat) sich am Ritten konsolidiert als Hotelier vom *Tiroler Hof*, später *Albergo Miramonti*, und als *Kracherle*-(Limonaden-)Fabrikant eine Lieblingsfigur der Rittner Kinder wird.

Sein Nachfolger aus guter Bozner Bürgerfamilie praktiziert am Ritten gewissermaßen auf seinem Hausberg und kann schwere Fälle unter seinen Patienten (wie auch der Doktor Bachmann in seinen letzten Amtsjahren) bereits mit der Rittner Bahn nach Bozen ins Spital schicken, wenn sie die gut eineinhalb Stunden Fahrt auf Tram- und Zahnrad-Bahnstrecke zu überstehen die Chance haben. Sein eigenes Transportmittel ist weiterhin das Pferd, das im Gemeindestall neben dem Rathaus gehalten wird, zusammen mit dem Pferd für den Gemeindediener, der auch mit gewissen Polizeibefugnissen ausgestattet ist.

Mit dem nächsten Gemeindearzt, wieder einem Pusterer, der den alten Leuten am Ritten als *Dokter Sepp* in Erinnerung ist, kommen einige PS dazu in Gestalt eines unverwüstlichen VW-Käfers für die alten Plattenwege und *Klapf,* die steinigen Pfade, die kein anderes Motorfahrzeug zu überstehen vermag, wenngleich ein begüterter Privatmann, über dessen Reichtum sich die Leute auch die Mäuler zerreißen, schon *vor der Stroß* einen Luxus-BMW Modell Barockengel am Ritten herumquält.

Der *Dokter Sepp* ist ein Mann des Volkes, mag gern mehr als ein Glas Wein und ist auch nicht gerade ein Ausbund an ehelicher Treue. Hin und wieder nimmt er auch ein paar junge Leute mit auf Vergnügungsfahrten zu *einschichtigen* Höfen. Da kann es dann sein, dass es ihn ein wenig *vertragt,* aber die Ordination versäumt er nie und seine Krankenbesuche auch nicht.

Bis er – denn bei den Gemeindeärzten geht es streng nach Karrierepunkten – von seiner Stelle verdrängt wird, wieder von einem Pusterer, und nur noch gelegentlich zu Besuch auf den Ritten kommt, der alten Zeiten wegen, und bei seinem letzten Besuch *über die Stroß aus* fährt (denn nun gibt es die Straße schon, zumindest stückweise) und nicht überlebt.

Zwischendurch gibt es dann auch noch den *englischen Dokter,* einen wohlsituierten, hochdekorierten Militärarzt aus England, der sich nach dem Zweiten Weltkrieg im Hauptort die allerschönste, auch Schönegg genannte, Sommerfrischvilla gekauft hat. Der Vorbesitzer war der

gebürtige Wiener und später Münchner Maler und Feuerbach-Schüler
Franz Xaver Simm gewesen, und deutscher wie österreichischer Besitz
in Südtirol (wie auch der Immobilienbesitz der abgewanderten Südtiroler Deutschland-Optanten) war vom italienischen Faschismus beizeiten enteignet und in die Körperschaft *Ente nazionale delle Tre Vene-
zie* eingebracht worden. Nach dem Zweiten Weltkrieg hat die *ENTV*
ihren Besitz verkauft und ist später ganz aufgelöst worden.

Da hat der *englische Dokter* zugegriffen, sich die Villa Simm gekauft
und mitten im Dorf eine Insel britischer Lebensart und Landmode
geschaffen, die er mit seiner ebenfalls sehr britischen Frau und fünf
sehr britischen Hündchen für etliche Jahre geteilt hat. Wer es also
sehr eilig hatte mit einer medizinischen Notleistung, suchte, wenn
der *Dokter* auf entferntem Krankenbesuch war, den *englischen Dokter* auf, bezahlte ihn stante pede in bar und erhielt sehr oft sogar eine
Gratisleistung.

Der Letzte von den medizinischen Einzelkämpfern ist dann noch
einmal ein Pusterer gewesen: Schulzeit in Brixen, Abitur in Berlin,
Kriegsdienst in Serbien und Griechenland, Kriegsgefangenschaft in
Russland, Medizinstudium in Innsbruck. Das frühe Curriculum vieler
Südtiroler, die durch die Option gegangen sind. Dann ein paar Jahre
Landarzt im Ahrntal, erstmals Gemeinde- und Amtsarzt auf einem
anderen Bozner Hausberg, in Jenesien, und schließlich 25 Jahre in
gleicher Funktion am Ritten.

Auch er ein Gründer, wie der Doktor Bachmann, nun für seinen
Berufsstand bis hin zum Präsidenten der Ärztekammer, als Feuer-
wehrarzt im Bezirk, als Friedensstifter in der Wassergenossenschaft
und in der örtlichen Politik. Einer, der erlebt hat, wie mit diesem
Land umgegangen worden ist – vom italienischen wie vom deutschen Faschismus –, der mag da als überzeugter Autonomist nicht
wegschauen.

Und als Arzt ist er schlechthin eine Idealbesetzung, auch weil er alle Krankheiten und Verletzungen, die er heilen soll, schon selbst gehabt haben
will. Denn das ist seine stehende Redensart: *Des han i a schun ghabt!*,

das gehe vorbei, werde wieder gut. Angewandte Psychologie der wohltätigsten Art: Vertrauen schenken und Mut machen.

Und als Arzt richtig zupacken: Dem Buben die aufgeschlagene Augenbraue selbst nähen, statt ihn ins Spital hinunterzuschicken. Rasch um das beim Holzhacken liegen gebliebene Fingerglied schicken, wenn einer mit der blutigen Hand daherkommt. Und sich über die Grundbedingungen seines Berufs nicht groß beklagen, sondern sie annehmen und mit ihnen fertigwerden. Er wird wohl früh gelernt haben, dass Zähigkeit und Disziplin nicht nur erstrebenswerte, sondern auch brauchbare Lebenstugenden sind.

Es erstaunt fast, dass der Doktor, als er mit einigen Jahren über 70 denn doch aufhört zu praktizieren, den schwierigen Übergang ins Pensionistendasein so gut geschafft hat.

Er wird gleich einmal Mitglied im Seniorenclub und richtet sich einiges her: Gartengerät und Malzeug. Sein Garten ist ein Schmuckstück vor dem permanenten Landschaftsbild des Schlernmassivs. Seine Bilder haben Schwung und Farbe. Er traut sich was und traut sich sogar, es öffentlich herzuzeigen. Nicht, um zu prahlen: Schaut, was ich für ein toller Maler bin; sondern um mitzuteilen: Leute, macht euch was zu schaffen in der Pension, auch wenn nicht alles gelingt! Es kommt darauf an, es versucht zu haben.

✣ REISENDER OHNE FAHRPLAN

Ich überblicke eine ungeheure Pfuscherei, und das ist mein Leben. Ich sehe auf eine ungeheure Lache, und das ist meine Zukunft ... Wenn ich doch damals Chinesisch weitergelernt hätte, dann könnte ich heute doch etwas!

Selbstbekenntnis eines Autors, der in aller Munde ist, der einen Schlager gelandet hat (das Wort wird sogar für ihn kreiert), einen Schlager also, den ganz Deutschland singt und trällert, komponiert von Oscar Straus und auf einer Phonographenwalze von 1901 konserviert:

Der lustige Ehemann

Ringelringelrosenkranz,
Ich tanz mit meiner Frau,
Wir tanzen um den Rosenbusch,
Klingklanggloribusch,
Ich dreh mich wie ein Pfau.

Zwar hab ich kein so schönes Rad,
Doch bin ich sehr verliebt
Und springe wie ein Firlefink,
Dieweil es gar kein lieber Ding
Als wie die Meine giebt ...

Und während also Deutschland vom Ringelringelrosenkranz trällert, ist er, der Berühmte, zum Schlagerautor auch noch Bestsellerautor: 5000-mal in einer Woche verkauft sich die Gedichtsammlung *Irrgarten der Liebe*, zwischen 1885 und 1900 zusammengetragen, zum Entzücken des Verlegers. Und der Autor, Otto Julius Bierbaum, senkt sein Haupt und schreibt *Pfuscherei* über sein Leben und wäre lieber Sinologe geworden – oder Diplomat – oder ... – aber jedenfalls nicht Journalist oder Redakteur, Schreiberling, Vielschreiber gar.

So muss der Literaturhistoriker Albert Soergel dem Vielzweckdichter schon wenige Jahre nach dessen Tod nachrufen:

So kam Leid und Freud zusammen: ein lyrischer Bucherfolg ohnegleichen und das summarische Urteil der ihm verhassten ,ernsthaften Deutschen', denen das ,kleine dumme Gedicht' ein ,Greuel und Scheuel' war, aber ein guter Vorwand zu der schnellen Gesamtcharakteristik: Bierbaum der ,Trallalant'.

Und, damit da keine Zweifel bleiben: Er soll hier nicht zur Zeder hinaufgelobt werden, der biedere Bierbaum. Und er soll schon gar nicht zum literarischen Ereignis erhoben werden, bloß weil er sich gern und oft und lange in Südtirol und eben auch am Ritten aufgehalten hat. Die

Literaturgeschichte hat ihn schon ordentlich schubladisiert, und ihn aus der Schublade zu holen und aufs Podest zu stellen, sei uns ferne. Jedoch: Nach der Jahrtausendwende mag eine Reise zur letzten Jahrhundertwende gestattet sein. (Vielleicht hat der Ritten mit seiner Schmalspurtrambahn gerade das richtige Vehikel und Billett dazu.) Eine Schaukel- und Rüttelfahrt also zu einem, der selbst ein Reisender ohne Fahrplan war, in dem sich überdies seine Epoche geballt wiedererkennen musste – mit ihrem Hang zum Sentimentalen wie zum Burschikosen, zum Verspielten wie zum Grotesken, zum Parodistischen wie zum Dekorativen, zum Exotischen wie zum Gemütlichen – wie sie ihm nachlief, um ihn zu verherrlichen und zu verspotten, ihn anzubeten und lächerlich zu machen.

So sehr war er ein Produkt seiner Zeit, jener wilhelminischen Epoche von 1890 bis 1910, dass er darauf schwamm wie das Treibholz auf den Wellen. Das sind die Schlagworte dieser Zeitspanne: Wirtschaftlich herrscht Hochkapitalismus, künstlerisch Impressionismus, technisch dominieren die Fortschrittseuphorie und die Machermentalität, politisch herrscht der beidseitig keck eine Erfolgskurve markierende gewichste Schnurrbart à la Wilhelm Zwo, modisch blüht der Wechsel als Prinzip: Was neu ist, fasziniert, schon allein weil es neu ist. Und die Unternehmer bedienen diese Bedürfnisse nur allzu gern.

Salopp gesagt: Die Wegwerfgesellschaft wird etabliert, und Bierbaum, der so gelenkig mitzuschwimmen versteht, wird ihr vielleicht erster Wegwerfdichter. Nach seinem frühen Tod mit erst 45 Jahren werden ihn die Nachrufer nur kurz (und auflagenfördernd) rühmen, dann wird auf ihn zutreffen, was Alfred Polgar in einem lapidaren Satz festgestellt hat: *Tote Dichter sterben rasch.*

Geboren – und hier sei's denn doch noch rasch nachgetragen – wurde er 1865 in Grünberg in Schlesien, Schüler war er in Sachsen, Student in Zürich, Leipzig und München (Korpsstudent auch, wie kein Biograph anzumerken vergisst). Aber als er 22 war, gab's kein Geld zum Studieren mehr – oder vielleicht studierte Bierbaum auch mehr an der *Fakultät des Lebens* als im Chinesisch-Seminar. Jedenfalls warf er sich auf die Tagesschriftstellerei, streunte dichtend in den Straßen Münchens herum (wie ein Freund später sein Vagantenleben charakterisierte), wohnte bald da und bald dort, in München in dem biederen Vorort Pasing, und starb wie gesagt mit 45 in Dresden, von wo man ihn auch wieder nach München holte und im Waldfriedhof beisetzte. *Es ist mir ganz recht, daß ich meist als Münchner gelte. Ich liebe diese Stadt mehr als jede andere,* soll er gesagt haben – und Münchner war er dann offenbar auch in seiner Vorliebe für Südtirol, speziell die Gegenden um Meran und Bozen, das man in jener Zeit „Ostermünchen" nannte (weil um und ab Ostern ganz Bozen voller Münchner war) und das damals ohnehin die Speerspitze Deutschlands im tiefen deutschen Süden war.

Die Welt, die ist da draußen wo,
Mag auf dem Kopf sie stehn!
Sie intressiert uns gar nicht sehr,
Und wenn sie nicht vorhanden wär,
Würds auch noch weitergehn ...

Hätte sich aus der typisch bierbaumschen Sprachgelenkigkeit denn nicht ein dauerhafter Gewinn für die Literaturgeschichte machen lassen? Bescheinigten ihm nicht Germanisten zuweilen (vielleicht aber in der Verzweiflung, über ihn dissertieren zu müssen), sein originellstes und bedeutendstes Schaffen sei seine Lyrik, nicht die der großen Form, sondern die kleine Lyrik, die sich naiv gebe und voll sei von verstecktem, skurrilem Humor?

Was ist mein Schatz? Eine Plättmamsell.
Wo wohnt sie? Unten am Gries.
Wo die Isar rauscht, wo die Brücke steht,
Wo die Wiese von flatternden Hemden weht:
Da liegt mein Paradies.
Im allerkleinsten Hause drin,

Mit den Fensterläden grün,
Da steht mein Schatz am Bügelbrett,
Hoiho, wie sie hurtig den Bügelstahl dreht,
Gott, wie die Backen glühn! ...

Es bedarf keiner schwerfeministischen Entrüstung, um einzusehen, dass sich aus solch leichtgängiger Reimerei keine Rehabilitierung für die Literaturgeschichte pressen lässt. Auch für den Lyriker Bierbaum steht demnach die Schublade schon bereit, wo man ihn zu den Galanten tun kann, ja tun muss: Gründerzeit-Rokoko – oder (um in die Design-Abteilung zurückzukehren) Gelsenkirchner, nein, Pasinger Barock.

Ich will ihnen einmal zeigen, wer ich eigentlich bin!
Immer wieder das verbitterte Werben um die zeitgenössische literarische Hautevolee, die Schriftstellerkollegen, bei denen er ja doch nichts werden konnte. Besonders nach 1905, als er – pünktlich zu seinem Vierzigsten – beschlossen hatte, ein anderer zu werden. *Um dieses Buch sollen die Hunde nicht herumkommen,* schreibt er seiner Frau Gemma aus Südtirol, von der Mendel, und meint die ersten beiden Bände seines dreibändigen Romans *Prinz Kuckuck,* die 1906 erschienen waren, und der auf einen Wälzer von 1500 Seiten anwachsen wird:
Es steht nämlich zu befürchten, daß ich eingesperrt werde ... die ,Kritik' freilich wird mich nun endgültig den Schweinen vorwerfen.
Satire habe er mit dem Lebensweg des *Wollüstlings* Felix schreiben wollen, eines ausschweifenden, erotomanen Mäzens, mit dem Bierbaum zugleich die Korrumpierbarkeit der Kunstschickeria zur Jahrhundertwende entlarven wollte. Weiß Gott, es wird ein veritables satirisches Monumentalgemälde der Wilhelminischen Ära werden. Und wieder gelingt ihm ein breiter Erfolg mit einer Geschichte, die in exemplarischer Weise biographisch und autobiographisch ist, denn Felix ist nur allzu erkennbar Bierbaums Münchner Mäzen

Alfred Walter Heymel, eine schillernde Figur, millionenschwer, der sich – mit Bierbaum als bereits aus Berliner *Pan*-Zeiten erfahrenem Herausgeber – das Privatvergnügen der ungemein noblen, kostbaren, exklusiven und dekorativen Kulturzeitschrift *Insel* geleistet hatte. Hauptquartier und *literarischer Taubenschlag* dieses Unternehmens war Heymels Villa in der Münchner Leopoldstraße gewesen, und Bernhard Setzwein, der die Geschichte vom *Prinzen Kuckuck* und seinem Hofstaat recherchiert hatte, zitiert Franz Blei aus dessen Autobiographie, um zu illustrieren, wie es da zuging:

Rudolf Alexander Schröder liebte es, seine Gedichte vorzulesen und konnte das stundenlang aushalten. Nicht so die Zuhörer ... Der Dichter sah in der kurzen Pause, wo er ein gelesenes Blatt zu Boden gleiten ließ, streng in die Runde, ob auch alles aufpasse. Und sagte da einmal: ‚Wenn die Herren, welche sich unterhalten, etwas weniger Lärm machen würden als die Herren, welche schlafen, würde das den Herren, welche zuhören wollen, nicht unangenehm sein.‘

Mit dem *Prinz Kuckuck* sind wir aber nun endlich in Südtirol angekommen, wie angekündigt am Ritten, wo der winzige Weiler Siffian auf seiner Terrasse hoch über der Eisackschlucht 1906, ein Jahr vor der Eröffnung der Zahnrad- und Trambahnstrecke nach Oberbozen und Klobenstein, noch ein hinreichend verstecktes und unzugängliches Quartier gewesen sein mag, um den literarischen Hinterhalt für Band 3 des *Prinz Kuckuck* abzugeben. (Das Jahr vorher hatte das *Alpenhotel* auf der Mendel diesen Rahmen für Teile der ersten beiden Bände dargestellt.)

Aber schon der 30-jährige Bierbaum hatte, wie Tausende andere zu jener Zeit, Beruhigung und Erholung in Gries bei Bozen, und zwar im Ansitz Troyenstein, gesucht. Das Klima tue ihm sehr gut, schrieb er seinem Hausarzt aus Gries. Das Klima und wohl auch *die Freiheit von unerquicklichen Geschäften.* Er habe auf ein Jahr („Erschrecken Sie nicht!") ein Schloss gemietet und hoffe, seine Neurasthenie, bestehend aus Willenlosigkeit, Lethargie, einem *Gefühl von Idiotischsein*, Zerschlagenheit am ganzen Körper, tiefster Depression und wütender Reizbarkeit, hier endlich loszuwerden.

1895 schrieb er's aus Gries, und anschließend, sogar länger als beabsichtigt, bis 1899, nahm er auf Englar in Eppan Wohnung. Was, Wohnung! Hof hielt er mit seiner ersten Frau Gusti im gemieteten gräflichen Schloss! Empfing Dichter (im Frühling 1897 auch den jungen Rilke), hatte seinen eigenen Wein von den gräflichen Reben mitgemietet und erweckte auch sonst kollegialen Neid – etwa den von Otto Erich Hartleben: *Dieser Bierbaum, der Schurke, hat immer Glück mit Häusern und Weibern.*

Nun ja – im Vorwort zu Bierbaums *Sonderbare Geschichten* steht freilich in Anspielung auf das Englarer Eldorado:

Allerdings gab es eine bittere Enttäuschung, als ein befreundeter Musiker, den Bierbaum in das von ihm bewohnte Tiroler Schloß Englar in Eppan aufgenommen hatte, mit eben dieser Gusti durchbrannte, während der junge Ehemann zu einer Alkoholentwöhnungskur in Oberbayern weilte.

(Nach dem tückischen Musikus hat Bierbaum dann übrigens einem Maler in Englar die Untermiete gegeben.)

Die Sottisen fanden allerdings weitere Nahrung, als Bierbaum zum zweiten Mal Ehemann wurde – diesmal *Der lustige Ehemann* des Schlagers – und jetzt bezogen sie sich auf Bierbaums zweite Frau, die überall mit der Metapher *die schöne Florentinerin* beschrieben wird: die 18-jährige Gemma, die er 1901 heiratete und 1906 auch mit auf den Ritten nahm. Vorher machte er übrigens wieder in Südtirol Station, auf seiner berühmten Reise über die Alpen im offenen Adler Phaeton, über die er 1902 mit seiner *Empfindsamen Reise im Automobil nach Italien und zurück* eine gefeierte Reportage schrieb, aus deren Vorwort ein Auszug einfach nicht zu umfahren ist:

Es wird zwar, wie ich glaube, nicht mehr lange dauern, und das Reisen im Automobil ist etwas gewöhnliches; vor der Hand aber gehören längere Reisen dieser Art noch zu den Seltenheiten ... Meine Reise aber hat mit dem Automobil-Sport als solchem nicht viel zu tun – sonst hätte ich sie nicht als eine empfindsame Reise bezeichnen können, denn was ein richtiger Automobilist ist, der kennt die Empfindsamkeit nicht ... Mit offenen, wachen, allen Erscheinungen des Lebens, der Natur zugewandten Sinnen reisen nenne ich empfindsam reisen, und dieses Reisen allein erscheint mir als das wirkliche Reisen, wert und dazu angetan, zur Kunst erhoben zu werden ...

In Eppan wenigstens hatte Bierbaum offenbar eine gute Nachrede. Der Pasinger Apotheker Bachmair lässt in einem Erinnerungsaufsatz den Mesner der Gleifkapelle sich in schönstem Bayerisch über Bierbaum äußern:

Eine kleine Wanderung durch den Eppan im Herbst 1910 führte mich auch zum Schloß Englar (Bierbaums Schloß!) und auf den nahen Gleifen. Der alte Meßner der kleinen Kapelle, den ich nach seinen Begegnungen mit Otto Julius Bierbaum befragte, kramte so manche Erinnerung aus seinem Gedächtnis aus. Auf einmal war er still. Er konnte sich einer Begebenheit, die er mir noch durchaus erzählen wollte, nicht mehr entsinnen. Nachdenklich sog er an seiner Pfeife, schließlich kam es zwischen seinen wenigen Zähnen hervor: ,A komotter Kampl is er scho gwen.'

Und von Eppan also auf den Ritten! Welch ein atmosphärischer Wechsel aus dem vom Bürger angemaßten alten *Gschloß im Gschleich* in das Karthäuseridyll des weltfernen, kleinbäuerlichen Gänsbachergütls! Aus einer Rittner Hausgeschichte über den Klobensteiner Ansitz Schönegg ist allerdings zu entnehmen, dass sich Bierbaum recht gern dorthin verändert hätte, wäre dessen damaliger Besitzer, der Münchner Maler Franz Xaver Simm, nur bereit gewesen, sich von Bierbaum, der *ziemlich arrogant* geschrieben habe, das Anwesen abmieten zu lassen. Jedenfalls bezieht sich Bierbaums Gedicht *Freundliche Vision*, eines seiner besten übrigens und von Richard Strauss vertont, auf Schönegg.

Also Siffian. Der bereits erwähnte Hans Brandenburg erinnerte sich nach Bierbaums Tod an einen mehrtägigen Besuch am Ritten im Herbst 1908:

Auch die engen Räume dieser Hütte, wie Bierbaum sein äußerst anspruchsloses Domizil nannte, hatten das Gepräge seines Geistes angenommen. Übrigens war die Ausschmückung der Wände, wie in Pasing, auch hier, zum Teil das Verdienst von Frau Gemma, die mit dem natürlichen sinnlichen Geschmack der Italienerin Stoffe und Vorhänge wählte und anbrachte. Das mittlere Zimmerchen, das zum Balkon führte, war Bierbaums Arbeitsraum; auch sein Bett stand dort, das er, der die Nacht über schrieb, erst gegen Morgen aufsuchte. Linker Hand war das Schlafzimmer seiner Frau, und rechts trat man in einen kleinen Nebenraum, der als Wohnstübchen eingerichtet war und in dem sich als neue Akquisition eine Phonola befand, das Instrument, dem Bierbaum in ‚Schmulius Cäsar‘ ein großes Loblied gesungen hat. Hier, wo wir abends saßen, hatte Bierbaum zu meinem Empfange ein großes ‚Auge Gottes‘ an der Decke anbringen wollen, ein in Tirol geschnitztes, von einem Strahlendreieck umgebenes Riesenauge, das dem glotzenden Sehorgan des Rindviehs ähnlich war. Weil Bierbaum nicht die Zeit gefunden hatte, Gottes Willkommensblick über mir aufzuschlagen, so ehrte er meinen Besuch auf der Phonola. Er spielte die Matchitche ‚in persönlicher Auffassung‘ – so kündigte er an, um mir die Ausdrucksfähigkeit des Instrumentes in ihrem ganzen Umfang vorzuführen. Bald säuselte er in zartestem Piano, bald tobte er in wildestem Fortissimo; nach einem schnellen Ritardando der Anfangstakte ließ er einen Donnersturm – prestissimo – losbrechen, pikante Fermaten überraschten, kühne, ebenso unvermutete wie geistreiche Wechsel im Tempo und Tonstärke traten ein, und Bierbaums Beinchen arbeiteten auf den Pedalen und sein Oberkörper wiegte wie der eines galoppierenden Reiters, bis ihm der Schweiß von der Stirne troff. Ich applaudierte stürmisch, und ernstere Dinge folgten, meist von Frau Gemma vorgetragen, die vor der Matchitche geflohen war, Isoldes Liebestod und viele Rollen Mozartscher Musik ...

(Eine Phonola ist ein halbautomatischer Klavierspielapparat mit Druckluftantrieb und Tretbälgen wie beim Harmonium.)

Das Foto, das Bierbaum in seinem Siffianer Arbeitszimmer zeigt, ist eine schöne Vedute des behaglichen Kopfarbeiters: Der Dichter, über einen reichgewandten Tisch gebeugt im Empiresessel sitzend, üppige Wanddekoration im Hintergrund und ein komfortables Messingbett zur Seite, mildes Licht fällt durchs Südfenster.

Ein anderes Foto, aufgenommen von Frau Gemma, zeigt im Siffianer Garten Bierbaum im Korbsessel, offenes Hemd und Hose, den Hut, wohl fürs Foto gerade abgenommen, noch in der Linken, sehr hohe Stirn, leichtes Doppelkinn, Zwicker vor den Augen, Gesichtsausdruck eines nicht eben heiteren, aber mit sich zufrieden scheinenden Menschen, der sein Pensum erfüllt und eben eine Pause an der frischen Luft eingelegt hat. Er weiß, dass er fotografiert wird, es ist ihm nicht unangenehm, zumal Gemma die Fotografin ist, er sitzt in Positur, aber er wirkt auch zugleich ein wenig abwesend. Als sei er in Gedanken schon wieder oder immer noch an seiner Schreibarbeit. Vielleicht wird er später am Nachmittag dieses oder ein ähnlich hübsches Gedicht schreiben:

Traum durch die Dämmerung

Weite Wiesen im Dämmergrau;
Die Sonne verglomm, die Sterne ziehn;
Nun geh' ich hin zu der schönsten Frau,
Weit über Wiesen im Dämmergrau,
Tief in den Busch von Jasmin.

Durch Dämmergrau in der Liebe Land;
Ich gehe nicht schnell, ich eile nicht;
Mich zieht ein weiches, sammtenes Band
Durch Dämmergrau in der Liebe Land,
In ein blaues, mildes Licht.

Ein weich verfließender lyrischer Traum in der Dämmerung. Es muss aber bekannt gewesen sein im Klobensteiner Dorfkreis, dass der Dichter da unten im Gänsbachergütl nicht der Allerfrömmste sei, sodass das Dienstmädchen, von den Dorfnornen mit allerlei Verdächten über den mutmaßlichen Ketzer beunruhigt, sich eines Morgens an sein Bett geschlichen haben soll, um nachzusehen, ob der Herr Bierbaum nicht am Ende einen Pferdefuß habe.

Vielleicht aber hat sich diese Episode auch wieder nur ein Philister ausgedacht, einer von den Philistern aus der fabel-haften Anekdote: *Wo wollen Sie denn eigentlich hin?* sagte der Storch zum Schmetter-ling, der von Blume zu Blume flog. *Fragen Sie die Blumen, Herr Professor!* antwortete der Falter; *aber eines kann ich Ihnen schon sagen: nicht in Ihren Schnabel, Sie Philister!*

✤ EIN FAMILIENVIRUS

Sie werden geliebt von ihren Gastgebern und geehrt von Tourismus-vereinen: die „treuen Gäste"; besonders zu Jubiläen: 30, 40, 50 Mal am selben Ort die Ferien verbracht! Blumen, Fotos und ein Bild in der Zeitung. Das ist guter Brauch, auch am Ritten. Weitaus seltener ist solche Treue, wenn sie sich über vier Generationen einer großen, weitverzweigten Familie und über ganze 90 Jahre hinzieht, gar die Qualität eines „Ritten-Virus" annimmt und sogar in ferne exotische Gefilde ausstrahlt wie im Fall der Rothkegels.

Die Geschichte beginnt mit dem ambitionierten angehenden Archi-tekten Curt Rothkegel, geboren 1876 in Oberschlesien, der sich auf eine Anzeige des deutschen Reichsmarineamts meldet, das Bauleiter für das Gouvernement Tsingtau (heute Quingdao) am Gelben Meer in Ostchina sucht. Als er 1903 ankommt, ist dort bereits eine Art exo-tisches Deutschland im Entstehen, denn das Deutsche Kaiserreich hatte das Gebiet um die Bucht von Kiautschou 1898 für 99 Jahre gepachtet, um an der chinesischen Ostküste einen Stützpunkt für die eigene Flotte und für den Chinahandel zu besitzen – samt einer Brauerei für deutsches Bier, das heute noch in Quingdao durch ein Biermuseum und ein Bierfest verherrlicht wird.

Curt Rothkegel nimmt bald auch mit eigenen Entwürfen kräftig teil an dem Bauboom in der Region, plant Villen, Wohn- und Geschäftshäuser, gewinnt schließlich sogar den Architekturwettbewerb für die das Stadtbild bis heute prägende und bis heute von den chinesischen Protestanten benützte mächtige Christuskirche in Tsingtau, die 2010 ihr 100-Jahr-Jubiläum begehen konnte.

Um 1910 ist Curt Rothkegel, inzwischen frisch verheiratet mit der Fabrikantentocher Gertrud aus Neiße, in China als Architekt bereits so bekannt, dass er sogar den Bauauftrag für ein Parlamentsgebäude in Peking bekommt, das, 240 Meter lang mit 75 Meter hoher Kuppel, doppelt so groß wie der Berliner Reichstag werden soll. Doch während des Baus bricht 1911 in Wuhan die Revolution aus, die zur Abdankung der Mandschu-Dynastie führt. Der Bau bleibt in den Grundmauern stecken. Doch Curt Rothkegel ist geschickt genug, auch zu den neuen Machthabern gute Beziehungen zu eröffnen, und erhält den Auftrag, das provisorische Tagungsgebäude für die Nationalversammlung der Republik zu bauen, das 1913 fertig und bis 1924 vom chinesischen Parlament benützt wird.

Und weiter geht der Erfolgskurs von Rothkegel & Co. in Peking und Tsingtau – bis am 1. August 1914 der Krieg ausbricht und Curt Rothkegel sich als Hauptmann der Landwehr bei der Verteidigung von Tsingtau bewährt, während seine tüchtige *Tai tai* Gertrud die Söhne betreut und die Baufirma in Peking weiterführt.

Als Tsingtau im November 1914 durch die japanisch-britische Belagerung kapitulieren muss, gerät Curt Rothkegel in japanische Gefangenschaft. Er überlebt fünf Jahre in mehreren japanischen Internierungslagern und kehrt 1920 nach Peking zurück, wo er sofort wieder Beziehungen zu Regierungskreisen anbahnt und weiterbaut und weiterentwirft: in Peking, in Seoul, in Urga (Ulan Bator) in der Mongolei.

Es folgen Jahre zwischen Peking, Deutschland und dem mandschurischen Mukden (heute Shenyang), wo Rothkegel eine ganze Reihe von Industriebauten plant und baut, ferner den deutschen Klub und die

Residenz des französischen Bischofs, bis er 1926 vorerst und 1929 endgültig Mukden bzw. China verlässt.

Die Familie erwirbt eine prachtvolle Villa über dem Jungfernsee bei Potsdam und stattet sie mit wertvollem chinesischen Mobiliar aus; sie wird allmählich zu jener Art von gesellschaftlich umschwärmter Sehenswürdigkeit, die den Eigentümern nur noch lästig ist. Außerdem hätte Rothkegel seine im Ausland erworbenen Devisen gegen armselige Reichsmark umtauschen müssen, wenn er länger als drei Jahre in Deutschland geblieben wäre. Also wird das Potsdamer Haus samt Einrichtung vermietet, und als Dauerwohnsitz wird 1932 das Haus Lindegg (nach der Erbauerfamilie Lindauer) in Klobenstein am Ritten gemietet, heute im Volksmund *Haus Sicher*, auch „Zeppelin-Haus", in prächtiger Aussichtslage gleich unterhalb des Dorfzentrums.

Ein besonntes, geruhsames und finanziell gesichertes Alter möchten sich die Eheleute hier gönnen, sich vielleicht später selbst etwas Eigenes bauen. Der Architektur-Virus ist durchaus noch aktiv bei den Rothkegels, und nun nistet sich auch erstmals der Ritten-Virus ein, obwohl der auf Dauer geplante Aufenthalt von Curt und Gertrud Rothkegel wieder einmal, wie schon so oft, von politischen Nebenwirkungen getrübt wird.

Denn 1939 wird es mit dem Mussolini-Hitler-Abkommen über die *Option* für die deutsch- und ladinischsprachigen Südtiroler auch für deutsche Reichsbürger in Südtirol brenzlig. Die Rothkegels entscheiden wieder einmal nach wirtschaftlichem Kalkül und ziehen ins nahe und steuergünstige Fürstentum Liechtenstein, zunächst nach Vaduz, dann nebenan nach Mühleholz ins Haus der Witwe des Fabrikanten Spoerry. Es wird das letzte Domizil der Rothkegels sein. Ende 1945 erliegt Curt Rothkegel seiner Krebskrankheit. Seine Witwe Gertrud wird fünf Jahre später zu ihrem Sohn Helmut nach Namibia ziehen und ihren Mann dort um 33 Jahre überleben.

Der Ritten-Virus springt in die nächste Generation, in einen anderen Kontinent und scheut keine Umwege, so global sie auch sein mögen.

Sohn Helmut Rothkegel hat sich also als Farmer in Mariental angesiedelt. Die heutige Hauptstadt der Region Hardap mit 12.000 Einwohnern ist 1894 von deutschen Siedlern im ehemaligen Deutsch-Südwestafrika gegründet worden, liegt verkehrsgünstig an der Eisenbahn, am Fischfluss und an der Nord-Süd-Straßenmagistrale B1 im mittleren Süden von Namibia. Es gilt als *Tor zur Kalahari,* erlaubt dank des Hardap-Stausees Bewässerungslandwirtschaft. Früher gab es da riesige Straußenfarmen, heute setzt man auf Wein, Obst, Gemüse und Touristen. Durch die Lage am Rande der teils wüstenhaften Kalahari-Savanne mit ihrem attraktiven roten Sand und großen Wildtierbeständen, eignet sich Mariental ideal als Ausgangspunkt für Tagesausflüge oder Game Drives in der Welt der Trockensavanne, die mit ihrer reichen Tierwelt zu begeistern weiß. Ein großes Solarkraftwerk nützt die Energiereserven der trocken-heißen Gegend.

Irgendwann, weiß die Familienchronik, habe Helmut Rothkegel eine zweite Farm bei Mariental gekauft mit herrlicher Aussicht von der Anhöhe Kalkrand – und sie als „Ritten" registrieren lassen, in Anspielung auf den Ausblick von der Rittner Villa Lindegg, der alle Rothkegels fasziniert habe.

So berichtet es Curt Rothkegels Enkel Wolf, der als Diplomat in Diensten Südafrikas das internationale Profil der Familie fortgeführt hat und im Ruhestand in Kapstadt lebt.

Er verweist wiederum auf seinen Onkel Prof. Joachim Rothkegel (Sohn eines Bruders von Curt Rothkegel), der als Jugendlicher bei seinem Onkel Curt und Tante *Tai tai* am Ritten zu Besuch war und beim Spielen in der Nähe einmal schwer verunglückt sei und davon einen lebenslangen Hörschaden erlitten habe.

Der Ritten-Virus ist aber auch bei ihm lebendig geblieben, und noch als alter Mann ist er mit seinem Sohn Wolfram immer wieder einmal am Ritten gewesen, wie auch eine chinesische Freundin namens Lin Cui (die in der von Curt Rothkegel erbauten Christuskirche geheiratet habe und in Berlin lebe), die Fotos von ihrem Besuch gemacht und verteilt habe. In ausführlichen Berichten aus den 1970er-Jahren habe

Joachim Rothkegel, solange er den Ritten noch selbst besuchen konnte, festgehalten, was sich in 35 Jahren dort alles verändert habe – und was immer noch da sei: der geliebte Ausblick, die Spazierwege, die Herren Lintner vom Geschäft und vom Café, der Hotelier Bachmann, das Hotel *Bemelmans* ...

Und wiederum ist dann Joachim Rothkegels Sohn Wolfram, der in Bayern lebt, reichlich mit dem Ritten-Virus infiziert worden und fungierte als Reiseführer und Ritten-„Reporter" für den greisen Vater bis zu dessen Tod 2019. Trotz seiner Demenz habe sich der Vater noch im Seniorenheim an all die Örtlichkeiten und deren Namen erinnert, habe die Berggipfel hersagen können und die Fotobücher genossen, die er, der Sohn, ihm regelmäßig von seinen eigenen Urlauben am Ritten erstellt habe.

Immer noch springt der Rothkegelsche Ritten-Virus weiter, nun auf die Tochter, berichtet Wolfram Rothkegel, sogar in doppelter Intensität, weil auch deren Ehemann schon als Kind mit seinen Eltern am Ritten gewesen sei. Er selbst, schließt er seinen Bericht, habe als leidenschaftlicher *Wohnmobilist* nur darauf gewartet, dass es am Ritten Stellplätze gebe.

Dafür ist inzwischen gesorgt, und an der Aussicht fehlt es auch nicht.

✣ HERRISCHE. EIN MONOLOG

Alle Welt schien Klobenstein zu lieben. (Otto Flake)

Nennen Sie mich einfach Frau von C.! Flake würde natürlich gesagt haben, wahrscheinlich sei ich auch eine von denen, die sich bei der Anrede zur Baronin hinaufstufen, wie alle in Oberbozen und Maria Himmelfahrt, aber Flake ist ein ironischer Mensch – außer wenn er selbst betroffen ist. Lassen wir die Sottisen!

Es tut auch nichts zur Sache, dass ich einmal Hofdame einer Kaiserin war, umso mehr, als diese bloß deshalb Kaiserin war, weil sie

einen Kaiser im Exil geheiratet hatte: Wilhelm II. in seinem nieder-
ländischen Exil in Doorn. Sie war ja schon in ihn verschossen gewesen,
als sie noch Prinzessin Hermine war und er ein richtiger Kaiser. Wie
sie mit vier Kindern als verwitwete Schönaich-Carolath dann noch
Kaiserin geworden ist, können Sie in den Klatschpostillen nachlesen.
Nun, jedenfalls war ich vertrauenswürdig genug, um die jüngste kleine
Prinzessin in den Ferien am Ritten zu betreuen – für drei Mark Ent-
schädigung täglich, aber das nur nebenbei. Es war mir eine Ehre …
Ich weiß genau: Es war kurz nach einem Attentat auf Mussolini (dem
dritten des Jahres am letzten Oktobertag 1926), und der Täter, ein
gewisser Zamboni, ein Anarchist, der auf ihn geschossen, ihn aber
verfehlt hatte, war unverzüglich von all den Schwarzhemden dort in
Bologna attackiert und förmlich zertrampelt worden.
Ich weiß auch genau, es war bei der Baronin Bleichröder in Oberbozen,
die hatte die Flakes, Erna und Otto, schon vorher einmal in Bozen
kennengelernt, mit Ibsens Tochter. Sigurd Ibsen, der Staatsrat und
Sohn von Henrik, hatte ja Besitz in Seis, ziemlich krank damals schon,
er hatte wohl Krebs, und die Tochter musste also zum Zahnarzt nach
Bozen, ebenso wie Flake. Dann waren sie zusammen noch zu einer
Erfrischung ins Greif gegangen und hatten die Baronin getroffen …
Also die Bleichröder! Sie war ja schon seit über 20 Jahren geschieden
von James, damals einer der reichsten Menschen in Preußen, hatte
fünf Kinder. Eine Person sowohl mit Stimme als auch mit Krallen,
enorm direkt, brachte ständig Leute zusammen. Als wir aufbrachen,
sagte sie glatt zu Erna Flake, sie solle ihn das nächste Mal allein schicken, Männer seien in Anwesenheit der Ehefrau immer gehemmt!
Na gut, wir brachen also auf und gingen zum Abendessen zu mir
hinüber. Hele war auch da mit den Kindern. Sie war damals ja auf
Warteposition für ihre Scheidung. Zwischen ihr und Flake sprühten
sofort die Funken, äußerst verwirrend! Ein Blinder hätte es bemerkt.
Irgendwann viel später hat Flake einmal versucht, mir sein Menschen-
bild (es war natürlich mehr ein Frauenbild!) zu erklären. Wie war das
noch? Der Mensch sei zwar ein Lebewesen mit festgesetzten Sinnen,

Organen, Reaktionen, aber das äußere sich in einer Fülle von Variationen – und darin liege ein Geheimnis, etwas Intensives, Drängendes, er nannte es Eros. Damit ist wohl alles gesagt.

Also zwischen Klobenstein, Maria Himmelfahrt und Oberbozen, zwischen den drei Häusern und den drei Frauen war dann ein richtiger Freundschaftsverkehr. Am Nikolaustag spielte Flake seine Rolle mit Kutte, Sack und Bart für seine kleine Eva und die anderen Kinder.

Es hätte schön und unbefangen bleiben können, aber Flake störte den Verkehr und fügte Erna viel Leid zu. Nicht nur, dass er mit Hele aufs Rittner Horn stieg, er traf sie auch in Bozen auf dem Obstmarkt und fuhr mit ihr im offenen Wagen durch Gries, was natürlich sofort zu Erna durchdrang. Bestimmtere Gerüchte kamen dazu. Erna war sogar so liebenswürdig ihm zu sagen, sie habe das Gefühl, Hele bringe ihm gewisse Empfindungen entgegen, anstatt ihm Vorhaltungen zu machen. Aber sie brach den Verkehr mit Hele ab. Ihm machte sie keine Vorwürfe, denn er war ja frei, und sie wollte ihn nicht binden. Aber sie begann Hele zu hassen, da sie in ihren Augen die Freundschaft verriet und keine Rücksicht auf ihre, Ernas, schwache Stellung nahm. Das können Sie allerdings nur verstehen, wenn Sie die ganze Geschichte von Flake und Erna kennen. Die beiden waren nämlich in der Zeit, als sie in Klobenstein wohnten ... – im Silbernagl-Haus, das gelbe Haus etwas unterhalb des Ortes, im zweiten Stock, vier Zimmer, Küche et cetera, ein Mädchen hatten sie auch, am Weg zur Atzwanger Aussicht. Auf der großen Terrasse mit den Ulmen hatten sie oft 20, 30 Gäste.

Ernas Schwester Fanny Atkinson, die in Klobenstein wohnte, hatte wohl den Flakes begeistert über die Schönheit der Landschaft und die billigen Mieten geschrieben. Ich glaube aber, die Eltern von Fanny und Erna (Bruhn hießen die, waren von irgendwoher aus Norddeutschland) hatten den Ritten schon gekannt. Jedenfalls hat mir Fräulein von Tschurtschenthaler einmal erzählt, die seien noch auf Maultieren heraufgeritten. Und dann war ja auch Ernas Cousine Ada Bruhn zu der Zeit mit den Kindern in Oberbozen, da war sie aber schon geschieden von Mies van der Rohe, ja, von dem berühmten Architekten, der nach Amerika ging. Der war aber auch oft da, hat in Oberbozen sein „Mountain-House" entworfen, das später in den USA realisiert worden ist.

Nun, jedenfalls sind Flake und Erna im Frühjahr 1926 eingezogen. Er kam später als sie und das Kind, weil er noch einen Roman fertigschreiben musste.

Ich habe nicht viel von ihm gelesen, nur den *Sommerroman*, den er am Ritten geschrieben hat, aber er war in den 1920er-Jahren einer der bekanntesten Schriftsteller in Deutschland, schrieb ein Buch nach dem anderen, unterhielt extrem viele Kontakte, schrieb in den besten Zeitschriften, hielt Vorträge, war dauernd unterwegs. Nach der Sache mit Hele – da waren die Flakes schon wieder weg vom Ritten (ich glaube, sie waren gut anderthalb Jahre hier) – habe ich mal einen Essay von Flake gelesen, da ging es eben um den Eros, ich glaube, er hieß *Die erotische Freiheit* oder so. Davon habe ich mir gemerkt, man müsse das Liebesleben freigeben, und die Moral sei nicht um ihrer selbst willen da, sondern habe nur den Sinn, das Glück des Einzelnen zu bestimmen. Damit hat er allerdings mehr sich selbst oder die Männer insgesamt gemeint, scheint mir.

Wenn ich mich so erinnere, was für Frauen damals am Ritten waren: fast alle schon geschieden oder in Scheidung lebend und auf die Scheidung wartend. Bei mir und bei Hele war's nicht anders, und durch ihr Techtelmechtel mit Flake brachte sie sich selbst für ihre eigene Scheidungsangelegenheit ganz schön in Gefahr. Flake war ja fein heraußen ...

Ach so, das können Sie ja nicht wissen und das wollte ich eben sagen: Flake war in der Rittner Zeit schon dreimal geschieden: von einer Minna Mai, einer Ärztin und Sozialistin, die er 1907 geheiratet und mit der er einen Sohn Thomas hatte. Dann von einer Antonie, mit der er aber nur vier Jahre verheiratet war, gleich lange wie mit Minna. (Und übrigens, das darf ich nicht vergessen: Diese Minna hatte kurz vor dem Krieg von dem Schriftsteller René Schickele, der ja wie Flake auch aus dem Elsass war, eine Tochter gehabt, Renate Miriam, und der hat Flake seinen Namen gegeben, weil der wirkliche Vater nicht wollte! Solche Zustände!) Gleich nach der Scheidung von Antonie hat er dann 1921 Erna geheiratet, aber auch nur, weil Erna schwanger war. Es war wohl so, dass Erna unbedingt ein Kind haben wollte, das Kind aber keine Fessel zwischen den beiden sein sollte. Also haben sie sich ein Jahr nach Evas Geburt wieder scheiden lassen mit der Verabredung, später irgendwann, wenn sie dann noch Lust dazu hätten, wieder zu heiraten. Wenn Sie das sonderbar finden, dann haben Sie die 1920er-Jahre nicht gekannt (natürlich, das können Sie ja auch nicht!): Der Krieg war zu Ende, das Leben explodierte, es ging ums Körperliche, vor allem darum: Sport, Tanz, Mode, alles drehte sich in einem einzigen kreisenden Strudel von Lebensgier ...

In dem *Sommerroman,* den Flake wie gesagt damals da am Ritten geschrieben hat, ging es genauso zu, kaltschnäuzig irgendwie, zynisch, so hab ich eigentlich das ganze Buch empfunden. Zum Beispiel die Geschichte mit dem Blinden, der bei einem Zimmermädchen in seinem Hotel auf einen Überraschungserfolg als nackter Mann ausgewesen war. Das war tatsächlich passiert!

Und auch die anderen Romanfiguren: Fast alle hatten ihre realen Vorbilder: die Ansässigen, die aus der österreichischen Zeit übrig geblieben waren und jetzt resigniert beobachteten, wie die Faschisten das Land umkrempelten und die Leute ebenso; die Deutschen, die vor dem Krieg Besitz erworben hatten und nun zu Verkauf und Ausreise genötigt wurden; die Hotel- und Pensionsgäste mit ihren Defekten und Marotten, alle hat Flake ins Buch gesteckt, wie getrocknete Pflanzen in ein Herbarium, bloß mit anderen Namen, sogar sich selbst und Erna und Hele mit anderen Namen. Genau beobachtet hat er, das muss man ihm lassen. Ich erinnere mich, wie er die Augenblicke vor dem Beginn des Abendessens im Hotel schildert (es kann ja nur in einem der beiden Hotels in Klobenstein gewesen sein, in der *Posta,* also Ex-*Bemelmans,* oder im Ex-*Tiroler Hof,* also *Miramonti*). Ich lese Ihnen die Stelle kurz vor:

Der Gong ruft, und sie kommen alle. Der Speisesaal bietet das gewohnte Bild. Die Kellner sehen aus wie Gentlemen und die Gäste wie Leute, die man zu Kellnern nicht verwenden kann. Es ist der lauteste Augenblick des Tages. Jeder hat einen Spaziergang gemacht und weiß etwas zu erzählen.

Man könnte direkt mit dem *Sommerroman* als Tourenführer am Ritten spazierengehen.

Also gut, zurück zu Flake und Erna: Während der Zeit am Ritten waren die beiden also nicht verheiratet. Das wusste aber niemand. Sie waren einfach eine Familie: der Schriftsteller, der viel Post bekam, der Prominente, der die anderen Prominenten alle kannte – vom einen Tee zum anderen, Einladung hin, Einladung her –, mit der schönen jungen Frau, die auf ihrer alten Underwood seine Manuskripte tippte, und dem entzückenden Kind. Aber das war natürlich nur die Einschätzung von ihresgleichen. Den Einheimischen waren diese Leute, die sie pauschal *Herrische* nannten, allesamt nicht geheuer, obwohl sie von ihnen lebten. Na ja, nicht alle, die meisten waren damals ja noch Bauern auf ihren verstreuten Höfen. Ich weiß jedenfalls noch genau: Bei einer der sommerlichen Prozessionen durfte die kleine Eva zwar mitgehen, aber sie bekam hässliche Worte nachgezischelt, weil ihr Kleidchen keine Ärmel hatte.

Die Einheimischen hielten die *Herrischen* überhaupt für gottlos. Ob sie es waren, ob Flake selbst total areligiös war? Ich weiß es nicht, aber einmal, als wir darüber redeten, sagte er wohl so etwas wie: Über seiner Welt sei kein Himmel, es sei denn als Teil einer Landschaft. Und hinter seinen Erzählungen sei kein Raum, es sei denn ein geographischer. Dabei hielt man ihn gelegentlich sogar für einen philosophischen Schriftsteller. Ich weiß nicht – im *Sommerroman* jedenfalls kamen mir die Menschen wie Dinge vor. Vielleicht war das die *Neue Sachlichkeit,* von der damals so viel die Rede war. Und Flake stand mittendrin.

Ja, und dann kam 1927. Flake fuhr zuerst für ein paar Tage nach Brixen und wohnte im *Elephant*. Und Hele, wie ein dummes, verliebtes Mädel, hatte ausgerechnet der Baronin Bleichröder ihr Herz ausgeschüttet. Und sie wollte von Flake geheiratet werden – obwohl er mir gesagt hatte, er werde Erna wieder heiraten, sobald Eva schulpflichtig werde, und mir aufgetragen hatte, das Erna zu sagen!

Jedenfalls ist Flake Ende Januar vom Ritten abgereist. Zurück wollte er erst, wenn Hele ihn aufgegeben hätte. Das sagte er, und dann fuhr er nach Salzburg und traf Stefan Zweig – und Hele war dabei! Na ja. Im Frühjahr ist er dann auf den Ritten zurückgekehrt, Erna holte ihn in Bozen ab, und in der Zahnradbahn hätten sie Händchen gehalten, haben mir Leute erzählt, die im gleichen Waggon gesessen waren. Und er wusste natürlich genau, auf welcher Seite das Unrecht war.

Das muss Ende März gewesen sein, denn ich hatte Erna einen Dankbrief der Kaiserin geschickt; die Prinzessin hatte, als ich mit ihr bei Erna und Eva in Klobenstein zu Besuch war, dort auf dem Sofa übernachtet, weil die Bahn gerade nicht fuhr, und sie hatte ihrer Mutter, der Kaiserin, darüber berichtet. Flake hat mir erzählt, sie hätten den Brief aufgehoben, obwohl der Kaufmann ihnen dafür 100 Lire oder ein Pfund getrocknete Steinpilze hätte geben wollen.

Wir sind auch oft zusammmen spazieren gegangen, voraus die Prinzessin mit Ernas Nichte Beryl, die eine Frühreife war und bei den Tanztees im Hotel unter den Italienern ganze Verheerungen anrichtete, und wir anderen dahinter; die Prinzessin und ich sollten ja nie allein bleiben.

Zu der Zeit waren auch die Korrekturfahnen zum *Sommerroman* angekommen; ich habe Flake sogar auf einem unserer Spaziergänge fotografiert, weil sein Bild auf den Umschlag sollte. Er war ja ein ungemein stattlicher Mensch, fast zwei Meter groß, blond, mit einem markanten Gesicht, er wurde oft mit einem Wikinger verglichen. Kein Wunder, dass die Frauen auf ihn flogen, obwohl er einigermaßen unzugänglich wirkte. Wahrscheinlich flogen sie deshalb erst recht. (lacht)

Einmal sind wir auch nach Bad Siess gegangen. Das nannte man damals ein Bauernbad. Im Backofen wurden Brotfladen gebacken und gleichzeitig wurde das Wasser der Heilquelle aufgeheizt; dann legte man sich in eine Art Sarg, auf den ein Deckel gelegt wurde. Nur der Kopf blieb frei. Und anschließend aß man Hühnchen und trank Tiroler Wein dazu.

Flake blieb bis in den Juni hinein, sollte sogar einen Fremdenverkehrsprospekt für den Ritten schreiben, aber man fand seinen Text zu sachlich. Da haben sie sich an den Zahnarzt gewendet, der gefühlvoller geschrieben hat. (lacht auf)

Anfang Juni lag in Bozen schon der *Sommerroman* in den Schaufenstern. Flake muss wohl um Mitte Juni abgefahren sein, wieder einmal nach Deutschland, dann auch nach Holland – und ich weiß genau, dass er auch Hele getroffen hat und sogar mit ihr nach Helgoland gefahren ist. Im August war er wieder mal in der Schweiz und hat Erna in Zürich getroffen und ist mit ihr zurück auf den Ritten. An der Bahn stand ich mit den Fischers – das war ja Flakes Verleger, Samuel Fischer – und Arthur Schnitzler war auch dabei.

Dann war wieder der übliche Sommertrubel, nein, es war mehr als der übliche mit all den täglichen Teegästen auf der Terrasse der Flakes: allerlei Professoren, die Journalistin Gehrke, die Baronin Bleichröder und die anderen alten Bekannten. Und es wollten natürlich alle das Buch lesen.

Bei Fischers im Hotel wohnte übrigens ein italienischer Journalist, er heiße Cuchetti, erzählte Flake: der bot Fischer an, für die *Neue Rundschau*, in der auch Flake schrieb, eine Serie von Artikeln über den Faschismus zu schreiben. Fischer fragte Flake um Rat, und der riet ab: Wozu einem Faschisten die Spalten einer demokratischen Zeitschrift öffnen?, habe er wohl gesagt. Die Frau des Journalisten sprach übrigens Deutsch und tat groß damit, sie lese gerade den *Sommerroman*. Ich glaube, es war im Oktober – Fischers waren längst abgereist –, da erschien in der Zeitschrift *Popolo d'Italia* von genau diesem Cuchetti ein Artikel, der sich pauschal gegen die deutschen Besucher in Südtirol wandte. Die seien Spione und Germanisatoren, wie lange wolle man da noch zusehen?

Das war aber nur die Einleitung. Danach kam *Der Fall Flake:* Da säße einer ungestört und hochgeehrt auf dem balsamischen Ritten und schütte in einem Roman einen Kübel Unrat über dem ritterlichen und edlen italienischen Volk aus. Ich glaube, der gleiche Artikel ist dann auch noch in einer Bozner Zeitung erschienen.

Flake war besorgt, man könnte ihm nun ernstliche Schwierigkeiten machen, ihn womöglich ausweisen, und fragte auf Vermittlung der Frau des Cellisten Mainardi den Chef des Roten Kreuzes um Rat (es waren ja „alle" am Ritten zu der Zeit, auch von den Italienern). Der meinte, Flake solle nur ruhig bleiben, niemals werde man einen der bekanntesten Schriftsteller Deutschlands ausweisen.

Nun richteten sich die Angriffe des Cuchetti aber nicht einmal so sehr gegen den *Sommerroman* als gegen eine Erzählung *Die Scheidung,* die mit dem Roman zusammen erschienen war und auch zum Großteil am Ritten spielte. Die Hauptfigur in dieser Erzählung (und Freund des Ich-Erzählers) heißt Höritz und hat aus der österreichischen Zeit einen bedeutenden Besitz am Ritten, der nun irgendwie auf dem Spiel steht. Die beiden gehen an einem Sommermorgen aufs Rittner Horn und begegnen auf dem Rückweg über die Almwiesen italienischen Soldaten, die dort eine Übung mit Maschinengewehren abhalten und ihre Patronenhülsen über das Gelände verstreuen. Da habe den Höritz ein fanatischer Ausbruch des Hasses überkommen gegen *das schwarzhaarige Zwergvolk,* das da mit Maultieren Kriegsmaschinen heraufgeschafft habe.

Das war freilich ebenso grob wie unbedacht gewesen, und es dauerte nicht lange, da konnte man in der *Neuen Zürcher Zeitung* lesen, der *Sommerroman* sei auf Befehl aus Rom in den Mailänder Buchhandlungen beschlagnahmt worden.

Dann ging es rasch: Ich glaube, es war der 3. Dezember, ein Samstag, als zwei Carabinieri Flake abholten, weil der Quästor in Bozen eine Frage an ihn habe. Mit dem Mittagszug könne er schon wieder heroben sein. Erna und Flake fuhren hinunter, ohne Pass und ohne Geld. Dann ging es von der Quästur auf die Präfektur, und dort war es wohl mit der Höflichkeit zu Ende: Man weise ihn, ihn allein, mit sofortiger Wirkung aus, und zwar mit dem nächsten Personenzug, in Begleitung von Beamten bis auf den Brenner.

Erst nach Stunden konnte Flake weiterreisen bis Innsbruck und nahm im Morgengrauen ein Zimmer im *Tiroler Hof* am Bahnhofsplatz.

Es dauerte nicht lange, bis die Journalisten von der Geschichte Wind bekamen – bis nach Wien und nach Berlin. Flake ließ sich Geld anweisen und besorgte sich einen Mantel (ein Innsbrucker Ladeninhaber stiftete ihm Socken und ein Hemd), einen Anzug und einen Koffer, er sagte, er habe eigens noch Ludwig von Ficker, den Herausgeber des *Brenner*, besucht, wartete noch, bis er von Erna durch einen Reisenden seinen Pass und das eben angefangene neue Manuskript bekam, und reiste weiter nach Zürich. Anfang Januar 1928 ist Erna mit der kleinen Eva nachgekommen. Das Kapitel Südtirol war vorüber. Ich weiß noch, dass er gern in Zürich geblieben wäre. Aber er fand kein Haus, das ihm wirklich gefallen hätte. Später hat er es sehr bereut, dass er so wählerisch war. Wieviel Ärger – und die ganze Nazizeit! – hätte er sich erspart!

Nun, sie haben dann wieder angefangen zu reisen, nach Heidelberg, wo es ihm zu eng war, nach Karlsruhe; da war es ihm zu heiß. Schließlich sind sie in Baden-Baden gelandet, fanden ein Haus, das auf Erna geschrieben wurde, und zogen mit der nun schulpflichtigen Eva ein. Ihr erster Abendgast sei Rudolf Binding gewesen, der Schriftsteller, schrieb mir Erna. Und im Juli wurde zum zweiten Mal geheiratet.

Nicht einmal ein Jahr später, im Mai 1929, waren Gerhart Hauptmann und seine Frau gerade in Baden-Baden und wollten das Ehepaar Flake zum Frühstück in ihr Hotel einladen. Erna war erkältet, ist aber trotzdem mitgegangen. Danach hat sie sich ins Bett gelegt. Am nächsten Tag hatte sie eine Lungenentzündung, drei Tage später war sie tot. Flake ist in Baden-Baden geblieben, bis zu seinem Tod 1963; das sind – warten Sie! – 35 Jahre. Mit allen Höhen und Tiefen. Ich habe dann nur noch hin und wieder in den Zeitungen von ihm gelesen. Einmal habe ich im Radio eine Notiz über ihn gehört. Die Ansagerin sprach seinen Namen englisch aus!

Seine Zeit war wohl irgendwie vorbei (genau wie die meine!), obwohl seine Bücher lange nach dem Krieg durch den Dramatiker Rolf Hochhuth in eine Buchgemeinschaft kamen und wieder viel verbreitet wurden. Da habe ich dann auch noch *Die Monthiver-Mädchen* gelesen. Das war schon großartig, aber trotzdem ... irgendwie aus der Zeit gefallen.

Ich habe einmal aus einer Besprechung aufgeschnappt, Otto Flake sei *der letzte Universalist des deutschen Romans* gewesen, was immer das heißen soll. Er hat wohl auch noch einmal geheiratet: typisch! Eine Frau, die nicht mal halb so alt war wie er. Sie ist ganz zuletzt im Krieg noch in Nürnberg unter die Bomben gekommen.

Am Ende hauste Flake, den Hochhuth einen *königlichen Einzelgänger* genannt hatte, auf ein paar Quadratmetern in einem ehemaligen Hotel.

Und als er gestorben war, am 10. November 1963, hat seine Tochter Eva, die nach Frankreich geheiratet hatte, seine Urne mit in die Vendée genommen, an den Atlantik. Schluss. Aus.

Nein, nicht ganz. Irgendwann, Jahre später, habe ich einmal bei einer Kur in Baden-Baden ein dortiges Heimatblättchen in die Hand bekommen. Da war er wieder, der königliche Einzelgänger! Mit Erinnerungen an ihn und von ihm und einem kleinen Schwarzweißfoto vom Friedhof; im Hintergrund Rolf Hochhuth, im Vordergrund eine hochgewachsene, elegante, schlanke Dunkelhaarige: Tochter Eva Flake, geschiedene Seveno, bei der Beisetzung der Urne von Otto Flake in einem Ehrengrab.

In Baden-Baden erzählte man sich, der Leiter der Stadtbücherei habe Flakes Nachlass und die Urne in Frankreich mit einem kleinen Lastwagen abgeholt. An der Grenze habe es dann Probleme gegeben wegen der Urne unter den Möbeln und Papieren. Aber schließlich hätten die Zöllner den Transport durchgewinkt.

❧ HIMMLISCHE

Im Himmel schauen sie nicht so gern nach unten. Sie sind froh, dass sie's hinter oder besser unter sich haben und blicken lieber, was im Himmel ganz ohne Teleskope möglich ist, in die farbensprühenden Weiten des Universums. Seit überall drunten die Drohnen surren, riskieren sie aber doch ganz gern einmal einen Blick nach unten. Wolken sind ohnehin Mangelware, seit Trockenheit das Land wie in einer Blase eingeschlossen hält.

Der Waaler schaut vorwiegend in den Vinschgau. Dort brauchen sie die Waale jetzt für den Fremdenverkehr. Die Waalerei ist bekanntlich *abgegangen,* aber ein paar Schmuckwaale sind übrig geblieben und werden für die Wanderei gepflegt. Die Bauern tun sich die Scherereien nicht mehr an. Der Waaler sieht schon ein, dass Rohrleitungen, Bewässerungsbecken und Beregnung besser Wasser sparen helfen als die Waale, vor allem die Tropfberegnung. Andererseits liebt er das Bild, wenn das Sonnenlicht sich an den Beregnungs-Wasserschleiern über den Apfelbäumen bricht.

Es ist gerade Vorosterzeit. Da füllen sie in den Dörfern um Meran die Schwimmbecken für die Ostergäste. Der Waaler findet es erstaunlich, dass dort in einem Dorf allein 80 Outdoor-Pools zu *wassern* sind; der Waaler ist einerseits ein gelehriger Schüler der um sich greifenden englischen Bezeichnungen, andererseits hat er aber sein Waaler-Vokabular nicht vergessen. *Wassern* sagt er mit ganz hellem a (und wenn er *Wasserwasser* sagt, dann hat er das helle und das dunkle a in einem Wort, damit zu spielen gefällt ihm immer noch).

Wegen der Wasserknappheit müssen sie die Schwimmbecken jetzt nacheinander füllen, nicht mehr alle zugleich wie früher. Das ist dem Waaler sehr vertraut, denn auch bei der Zuteilung des *Wasserwassers* aus den Waalen war eine Reihenfolge einzuhalten, die *Road.* Da ging es strikt der Reihe nach, und manchmal konnte es auch Streit darum geben. Bei den Pools wird wohl der Bürgermeister die *Road* bestimmen, meint der Waaler. Aber in dem seiner Haut wolle er dann nicht stecken.

Gern schauen sie vom Himmel aus auch auf die Dächer der riesigen neuen Hotelkästen, die man für das Wellnessen braucht, das heißt, Dächer sind das eigentlich nicht: Manche lassen am Dach gar eine Skipiste beginnen oder eine Wasserrutsche oder einen Jogging Trail oder sie pflanzen einen Infinity Pool drauf und nennen das dann „Sky Adventure Park" nach dem Motto „The Sky ist the limit", worüber die im Himmel ganz froh sind, weil die Hotelabenteurer dann wenigstens beschränkt bleiben auf ihren Himmel-Fake.

Die Widumshäuserin ist besonders fasziniert von einem Nacktpool auf einem der neuen Superhotels. Sie findet so etwas zwar *fackisch*, aber hin und wieder riskiert sie doch ein Auge und beichtet's dann beim Kanonikus. Dagegen hält sie gar nichts von den Infinity-Pools, die jetzt offenbar alle haben müssen, damit sie noch mittun können im Wettrennen um die 12 Millionen Gäste pro Jahr, die „Ankünfte" genannt werden, weil sie nicht weiterfahren zum Gardasee, sondern ankommen und wenigstens einmal über Nacht bleiben. Weil die Infinity dieser Pools auch wieder nur ein Augentrug ist, ein Fake, kein Vergleich mit der Unendlichkeit, die sie im Himmel gewohnt sind.

Und wenn, dann sollte hinter der unsichtbaren Schwimmbadkante wenigstens das Meer sein, meint der weitgereiste Flake, oder die Skyline von Singapur. Heutzutage müssen sie einfach alles inszenieren, schimpft er. Er finde das geschmacklos, wenn da, wo jetzt der Infinity-Pool vor dem Bergpanorama dampft, einmal eine *Schupfe* gestanden habe, aus deren altem Holz nun in der Nähe wieder eine *Schupfe* hingestellt werde, nur weil sie dort als Schmuck-Blickfang besser hinpasst. Und dann im ganzen Haus kein Buch! Alles nur für den Körper! Auch die Murr-Mutter hat in das eine oder andere der coolsten Hotels schon hineingeschaut (vom Himmel aus geht das leicht) und sich doch sehr gewundert, dass sie dort in den Hotelrestaurants Wände gesehen hat, die mit lärchenen Dachschindeln tapeziert sind, oder gar mit *Schwortn,* Schwartlingen, nicht abgerindeten Brettern, die doch nur außen etwas zu suchen haben, nicht in der Stube. Innen sollen sie nun wohl eine Art Gemütlichkeit ausstrahlen, wovon Mies van der Rohe sich mit allen Anzeichen des Grausens abwendet. Neu-rustikal, meint er, sei noch schlimmer als das alte Rustikal der 1970er-Jahre, das sei wenigstens naiv gewesen und habe, wie die Hotels überhaupt und immerhin, noch tirolerisch getan, dies aber sei nun total verlogen und nenne sich dann auch noch „Design". Wenn man schon in diese grandiosen Berge ein Haus hineinbaue, dann solle es möglichst wenig von sich hermachen. Sich hinstellen und Unterkunft gewähren, wirft die Enzianthres ein, und den Gästen am Abend ein *Schnapsl* reichen und eine Wärmflasche mit gehäkeltem Überzug mitgeben. Und im übrigen die Berge wirken lassen.

Und in den Bergen herumgehen, sagt das *Wirtsmandl.* Aber die Wellnesser (und er muss lachen, weil das Wort so ähnlich klingt wie Bettnässer) gingen ja überhaupt nicht mehr aus ihren Hotels hinaus, weil sie sonst ihr Programm nicht ausnützen könnten, für das sie zusätzlich zum Zimmerpreis noch einen Haufen Geld bezahlt hätten. Und diese überdehnten Anlagen seien ja auch immer irgendwo ganz draußen, wo gar nichts los sei, nicht in den netten *Stadtln*, wo Menschen und Wirtshäuser und Theater und Konzertsäle seien. Da lohne es sich dann nicht einmal, das Hotel zu verlassen, und den Hoteliers sei auch genau daran gelegen, die Leute im Hotel zu halten – und an ihnen zu verdienen. Er sei vom Fach und wisse sehr gut, wie man mit Touristen zu Geld komme.

Manchmal geraten sie übrigens sogar im Himmel scharf ins Diskutieren. Er, sagt Bierbaum, den sie auch im Himmel insgeheim *Trallalant* nennen, habe grundsätzlich nur in Hotels *mit Geschichte* wohnen wollen, in Schlössern oder Ansitzen. Was dann das Gänsbachergütl gewesen sei?, fragt Bemelmans süffisant. Das sei ganz etwas anderes, entgegnet Bierbaum, da sei es darum gegangen, möglichst billig zu wohnen mit der neuen Frau. Im *Ritz-Carlton* könne jeder einchecken, wenn er nur genug *Gerstl* habe. Er sei damals halt ein wenig knapp bei Kasse gewesen.

Wie gesagt, sie diskutieren allenfalls, streiten kommt im Himmel sowieso nicht in Frage. Manchmal hätten sie es gern so, wie der *Münchner im Himmel,* der jetzt schon ewig lange wieder auf seiner Wolke sitzt und zornig sein *Halleluja!* schreit, seit er seinen Spezialauftrag für die bayerische Regierung im Hofbräuhaus verbummelt hat. Sie würden sich auch so einen Spezialauftrag vorstellen: drunten in Südtirol den Overtourism abstellen. Denn dazu wären wahrscheinlich nur noch himmlische Mächte imstande.

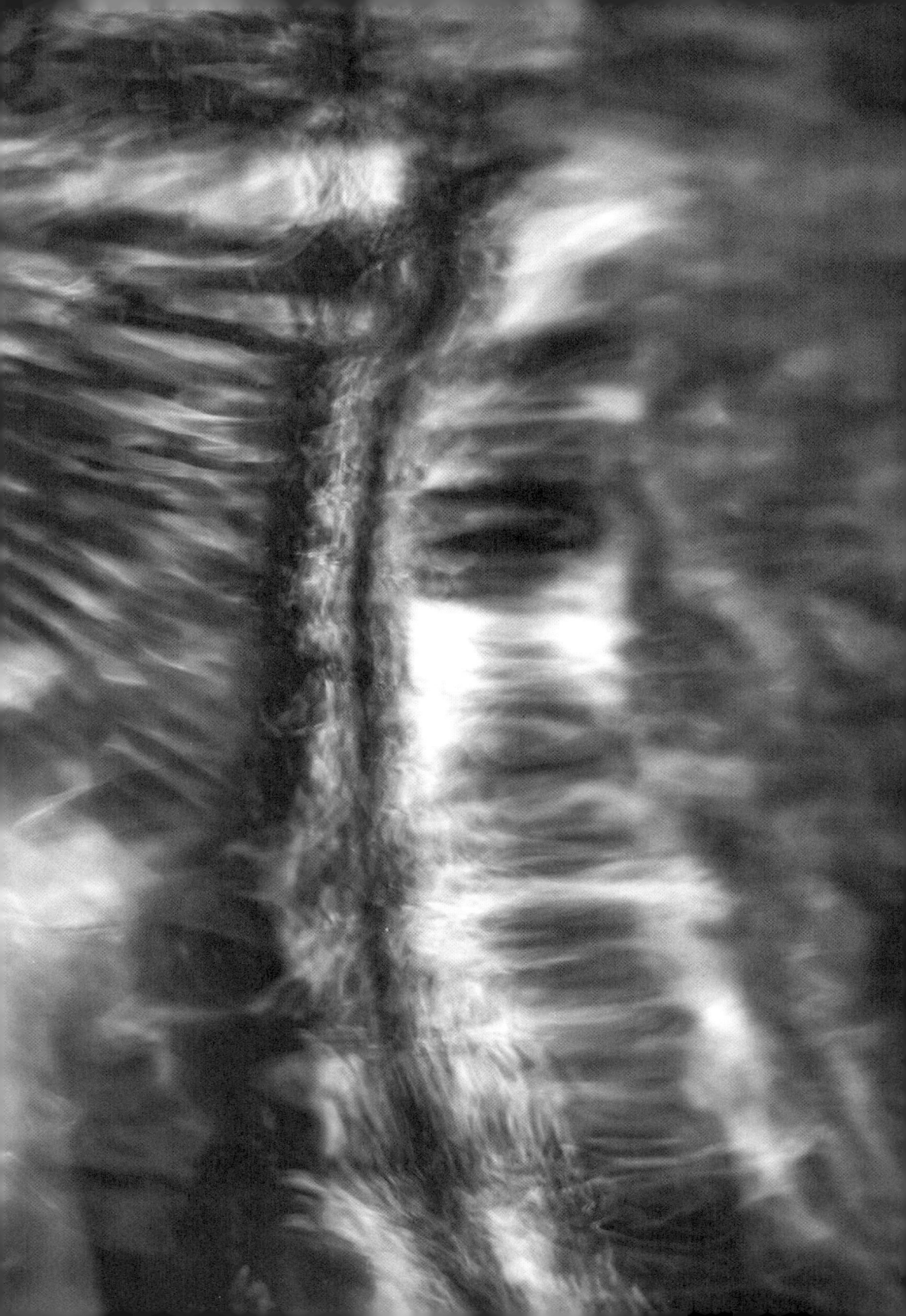

Vom Ausreisen und Ausreißen

Aufgetürmt und verriegelt. Aber der Bach schließt das Hochtal auf, macht es milder durch sein Plätschern, heiterer durch sein Spiel, talabwärts, talauswärts. Der Bach ließ Menschen zu im Tal. Und von Menschen ließ er sich in die Pflicht nehmen. Am Mühlgraben haben die Menschen dem Bach Arbeit auferlegt. Er sollte durch hölzerne Rinnen fließen, ein Mühlrad treiben.

Sein flirrendes Spiel war ernst geworden. Sie hatten ihm das Plaudern abgewöhnt und seine Umwege. Sein Strömen, Tröpfeln, Rieseln und Glucksen war dienstbar eintönig geworden. Jetzt haben sie ihm die Planlosigkeit ganz abgewöhnt: Er ist gefahrmindernd verbaut und in drei Stauseen gefangen. Am Mühlgraben ist immerhin noch zu sehen, was die Menschen dem Wasser abgefordert haben. Das alte Werk ist freilich entzwei, die Holzleitung morsch und zerbrochen. Jetzt spielt das Wasser mit den Resten, spielt gelassen mit dem verfallenden Holz, wie ein Künstler ironisch mit dem Material unnütz gewordener Arbeit. Unterhalb des Mühlgrabens findet der Bach wieder in sein altes Bett, findet zurück zu seinem üblichen Geräusch, fließt gleichmäßig talaus und lässt Verwurzeltes an seinem Rand zurück.

Auch Menschen aus dem Tal haben es so gemacht, sind dem Bach gefolgt, talaus und weiter. Wer das Tal verließ, fand die Welt, nahm Erinnerungen mit und zahlte mit Heimweh.

❧ DYNASTIE MIT POTENZIAL

Was kann uns in Südtirol einfallen, wenn wir den Namen Anreiter hören? Der Anreiterkeller in Brixen vielleicht oder der stattliche Anreiterhof in Bozen-Moritzing; Spezialisten der Tiroler Geschichte verweisen auf das Brixner Geschlecht der Anreiter, das schon im 16. Jahrhundert mit Wappen und Adelsprädikat (Ziernfeld) ausgestattet wurde.

Eine ganze Dynastie von hochgeschätzten Künstlern aus dem alten Österreich stammt in einem Zweig vom Ritten ab, und zwar vom Schiedmannhof in Unterrotwand. (Ich verdanke diesen Hinweis, wie so viele andere, dem stets aufmerksamen, besten Südtiroler Kulturkenner Marjan Cescutti, dem früheren Präsidenten des Südtiroler Kulturinstituts.)

Das Rittner Höfebuch, das den Stand der Optionszeit 1939 bis 1943 verzeichnet, führt den Schiedmannhof als *untersten Berghof des Viertels,* dessen Feuer- und Futterhaus nach einem Brand 1808/09 neu gebaut worden sei. Auffallend das große Futterhaus *in ausgesprochener Rittner-Art hier unten im Eisacktal.* Erwähnt wird auch eine schwere alte Korntruhe *mit eisernen Eckbeschlägen und Handgriffen, an der Vorderseite mit zwei Wappen bemalt. Zeit um 1700.*

Wenn diese Truhe noch existiert, dann hat sie wohl der Stammvater Johann Anreiter gesehen, der 1660 am Schiedmannhof geboren worden und 1706 dort gestorben ist. Aus seiner Ehe mit Maria Magdalena Harter ist gleich einer der berühmtesten Anreiter hervorgegangen, (Johann) Carl Wendelin, aber dazu braucht es erst einen kleinen Exkurs:

Johann Anreiter hatte nämlich fern vom Ritten Karriere gemacht, und zwar als Kameralsekretär, also als Finanzbeamter im einst königlich ungarischen, heute slowakischen Banská Štiavnica (deutsch Schemnitz, ungarisch Selmecbánya) – jetzt eine kleine Stadt mit ca. 11.000 Einwohnern, einst aber die drittgrößte Stadt im Königreich Ungarn. Etwa 50 km südlich von Banská Bystrica liegt inmitten der reizvollen Landschaft der Schemnitzer Berge diese frühere Perle des ungarischen Bergbaus. Zu Beginn des 18. Jahrhunderts bezog die K.-u.-K.-Monarchie mehr als 70 Prozent ihrer Rohstoffeinnahmen aus dieser Region. Beinamen wie *das slowakische Nürnberg, die Silberne* weisen ebenfalls auf die Bedeutung von Schemnitz hin. Die 1735 gegründete Bergakademie ist sogar die älteste Technische Hochschule der Welt. Zwei Schlösser, eine Burg, einige Kirchen, Museen und ein stillgelegter Bergstollen erinnern heute an den Glanz vergangener Tage, der sich für Heutige auch in der Verleihung des UNESCO-Welterbe-Prädikats an das Städtchen ausdrückt.

In diesem Schemnitz ist also 1702 jener (Johann) Carl Wendelin Anreiter geboren (und 1747 in Wien gestorben), im Jahr darauf jedoch mit seinen Eltern zunächst offenbar wieder heimgekehrt, denn mit 14 Jahren ist er für vier Jahre beim Bozner Maler Franz Rottensteiner in der Lehre. Ab 1721 ist er in Wien zu finden in der Porzellanmanufaktur Du Paquier in der Rossau, dem Vorläuferbetrieb der berühmten, später kaiserlichen Porzellanmanufaktur Augarten. In der Rossau besaß auch der Fürst Liechtenstein sein Gartenpalais. In der angrenzenden fürstlichen Mustersiedlung wohnten viele der Beschäftigten der Manufaktur, und die Fürstenfamilie war auch eine eifrige Auftraggeberin. Denn das *weiße Gold,* dessen Herstellung in Europa damals noch recht neu war (vorher musste alles Porzellan aus Japan und China beschafft werden), wurde begehrt von allen, die es sich leisten konnten; die vielen anderen konnten es nur bewundern. Asiatische Vorbilder und modische barocke Einflüsse aus Malerei und Graphik verbanden sich zu unendlich vielen Motiven: Blumen, Tiere und Landschaften, kostümierte, oft groteske Figuren und Figurengruppen bis hin zu regelrechten Massenszenen waren das Entzücken der Zeit.

Wer es sich leisten konnte, schuf sich eine eigene Manufaktur, eine eigene Marke, wie auch der Florentiner Marchese Carlo Ginori, um 1735 auf politischer Mission am Wiener Hof. Auf seinem Landgut La Doccia bei Florenz baute er sich eine eigene Manufaktur auf – und wer ging mit? Unser Anreiter mit dem Brenner Johann Georg Delaturi, der sich in Italien Giorgio delle Torri nannte. Seine Wiener Frau, Eva Rosina Kolkenberger, hatte er schon 1724 geheiratet, und so findet sich die ganze zahlreiche Familie mit nicht weniger als 13 Kindern für die nächsten Jahre in der Toskana, wo die drei Söhne Anton, Heinrich und Johann Carl sogar die Kunstakademie in Florenz besuchten.

Als der Marchese Ginori 1746 das Amt des Gouverneurs in Livorno antrat, wendete sich (Johann) Carl Wendelin Anreiter jedoch wieder nach Wien, nahm sogar Verhandlungen mit der bayerischen Regierung auf, die eine eigene Porzellanmanufaktur (später Nymphenburg) begründet hatte, und wäre in München als *Arkanist* und Wissensträger der geheimnisvollen Kunst des Porzellanmachens hochwillkommen gewesen – wenn er nicht ganz plötzlich am 4. Oktober 1747 verstorben wäre. Seine Arbeiten, bedauerte man in Bayern, hätten denen aus Meißen in nichts nachgestanden.

Nicolò Rasmo, der (Johann) Carl Wendelin in den Anreiter-Artikeln seines *Dizionario Artistico Atesino* (Bozen, 1980) den längsten Text widmet, vermutet, dass er möglicherweise schon aus seiner Bozner Lehrzeit Erfahrung im Blaumalen auf weißen Ofenkacheln gehabt habe. Seine Werke als Porzellanmaler jedenfalls sind wertvolle Stücke berühmter Sammlungen in Europa und darüber hinaus.

(Johann) Carl Wendelins Familie, die sich schon seit Generationen *von Ziernfeld* nennen und sich mit einem attraktiven Wappen mit steigendem Steinbock schmücken darf, blieb jedenfalls in Wien – und in der Tradition der fingerfertigen Künste: Porzellanmaler (Blaumaler, Buntmaler und -schreiber), Arkanist, Brennhausinspektor, Medailleur, Oberstempelschneider, Malbeamter sind die teils pittoresken Berufsbezeichnungen der Wendelin-Söhne, -enkel und -urenkel.

Doch schauen wir noch einmal zurück ins Rittnerische – und folgen einem weiteren Zweig der Rittner Anreiter: Schon bald nach seiner Heirat war (Johann) Carl Wendelin nämlich offenbar kurz in seine Abstammungsheimat Ritten und Bozen zurückgekehrt, um seinen hiesigen Besitz zu liquidieren. Sein wohl älterer Bruder

Franz Michael († 1737), der Erbe des Schiedmannhofs, hatte zwei Söhne: Johann Carl (* 1727) und Franz Andreas (*1729), beide am Ritten geboren. Der ältere Johann Carl, der offenbar sein Erbe ausgeschlagen hatte, scheint in Wien das Goldschmiedehandwerk gelernt und sich später dem kaiserlichen Heer angeschlossen zu haben. Doch der Enkel seines jüngeren Bruders Franz Andreas, Alois Anreiter, geboren am 16. Juni 1803 in Bozen, hat sich wiederum in der Kunstgeschichte ein freundlich beleuchtetes Plätzchen geschaffen – und in Wien sogar eine Straße im 23. Bezirk bekommen, die Anreitergasse.

Er trat zwar zunächst in Bozen in eine „Handlung" ein, schien sich also einer typisch boznerischen Karriere zuzuwenden, dann muss aber doch wohl das genetische Potenzial der Anreiterischen mächtig durchgebrochen sein, sodass er gemäß dem *Biographischen Lexikon des Kaiserthums Österreich* sein Geschäft verließ und *ohne Unterstützung sich der Kunst widmete,* erwartbar wiederum in Wien, als Schüler von Josef Redl und vom berühmten Thomas Ender (1793–1875), von dem übrigens vor einigen Jahren ein wunderbares Landschaftsaquarell vom Astnerhof in Lengmoos im Handel auftauchte, das aber leider am Ritten *vorbeiverkauft* worden ist.

Alois Anreiter scheint jedoch aus Bozen zumindest die ortstypische Geschäftstüchtigkeit mit nach Wien genommen zu haben, denn er spezialisierte sich auf Miniatur- und Aquarellmalerei und besonders auf Porträts bekannter Adeliger, sodass es für hohe und höchste Herr- und Damenschaften schon bald zum Status gehörte, sich von Alois Anreiter malen zu lassen. Überdies machte sich Anreiter auch einen Namen als *Schriftsteller im Gebiete der Kunst.* Eine seiner Schriften trägt den schönen Titel: *Vom absoluten Ideal* (Wien, 1871). Immer noch tauchen gelegentlich virtuos hingezauberte Porträts aus seiner Hand bei Auktionen auf. Für Beethovens Geburt ist ihm 1844 eine besonders kostbare Allegorie eingefallen:

Ein geflügelter Titanide trägt ein von Licht umglänztes Kind zur Erde, auf welchem die Lyra ruht. Auf dem Kugelsegmente erblickt man Bonn

und Wien (Geburts- bzw. Sterbestätte Beethovens) angedeutet. (aus
dem BLKÖ).
Alois Anreiter ist hochgeschätzt am 30. September 1882 in Wien
gestorben, als Letzter dieser sich über 150 Jahre erstreckenden künstlerischen Ahnenreihe.

❧ PROSPER UND PAUPER
(FÜR MARJAN C.)

Eine Fallstudie wie diese – wie man durchs Elend in die Seligkeit
kommt – könnte die Moderatorin der Nachmittags-Talkshow aus
ihren Gästen herausfragen über Glück und Glas – von hoch oben
nach ganz unten: *Schön, dass Sie eingeschaltet haben und danke, dass
Sie gekommen sind und bleiben Sie dran! – Und wie war das, Mathilde,
als Sie nichts mehr hatten, der Mann keinen Job, die Wohnung gekündigt,
aller Besitz futsch, bis auf das Kästchen – und das rückte der Onkel nicht
raus. Was haben Sie dem Kerl geschrieben?* – Fünf Fälle pro Sendung.
Einen Kummer zu outen hat jede und jeder, und was zum Schämen
auch. Nach so und so vielen Fällen bleibt von allen Geständnissen:
das weiße Rauschen aus übermäßiger Information.
Wäre dies also ein bürgerlicher Fall von heute, er wäre, vielleicht, ein
Fall für die Nachmittags-Talkshow. Aber er ist ein sehr adeliger Fall,
geschehen vor über 800 Jahren, und so gehört er den Historikern.
Nur diesen?, fragt die Neugier und will befriedigt sein – und wenn
nicht mit Enthüllungen, dann wenigstens mit aparter Verhüllung und
einem kleinen Geheimnis aus einer fernen Zeit mit fremden Sitten.
Ferne Zeit und fremde Sitten – aber sagen sie uns nicht doch etwas über
die eigene Befindlichkeit? Oder wenigstens über deren Geworden-
heit? Woher wir kommen, als Kulturwesen sozusagen?
Oder ist da jemand, der sagt, Privates habe privat zu bleiben?
Doch nicht heute, im Zeitalter der Talkshow! Wer auf Privatem beharren
will, darf (und sei's nur der Einschaltquote zuliebe) der Scheinheiligkeit

verdächtigt werden, denn (das glauben wir Voyeure zu wissen) unter Diskretionsgewändern sind die Dessous der Sensationsgier versteckt und wollen bis auf die nackte Schadenfreude enthüllt werden.

Und überhaupt: eine Person gehört allen, das ist die Philosophie der Talkshow. Jede Person hat Geschichte, warum also nicht eine Person der Geschichte? Hinein mit ihr in die Show, hinauf auf den heißen Stuhl, die Historiker haben's uns ja wohl vorgemacht. Die Definition ist maximal elastisch und sichert unerschöpflichen Vorrat. (Wer spricht da von Tyrannei der Intimität?)

Aber all dies gehört überhaupt nicht hierher. Sed quid multa? Bald werden wir es hören. Wozu das alles? Zur Sache also!

Wie kam denn nun im Mittelalter, jener standesfixierten Epoche, jemand von *prosper* nach *pauper,* von hoch oben nach ganz unten und ins Elend? Und wie, obwohl im Elend, doch wieder heraus?

Wer war die Frau mit dem Kästchen, dem Brief? Und was war der Fall? Die Frau: Mathilde, geborene Gräfin von Valley, Lebensdaten unbekannt, 1. Hälfte 12. Jahrhundert, daheim an der Mangfall in der Gegend von Miesbach in Oberbayern, reich geboren, denn ihre Eltern hatten ordentlich geerbt, aber auch ordentlich gestiftet: das Augustiner-Chorherrenstift Bernried am Starnberger See zum Beispiel.

Ein reiches Fräulein aus bester Familie? Ein politisches Fräulein also. Das wird reich und vermutlich blutjung verheiratet – über ihren Willen hinweg? Jedenfalls übers Gebirge hinweg, mit Arnold III. von Morit aus der Gegend von Bozen, ebenfalls aus bester Familie (also politisch auch er), reich und mächtig genug, um sich aus seinen ererbten Befugnissen Herrscher über das Eisack- und Pustertal nennen zu dürfen: Eine Erfolgsgeschichte, die selbstverständlich von einem Burgenbau gekrönt werden muss. Greifenstein *ober* Siebeneich, hochmodisch der Name und die extravagante Position auf einem Porphyrturm, der 500 Meter senkrecht aus dem Etschtal aufragt (der Volksmund wird später *Sauschloss* dazu sagen). Höher hinaus geht es kaum im *Land an der Etsch und im Gebirge.* Und Mathilde aus Bayern hat alles, was eine Frau von Stand in jener kurzen Zeit des Wachsens und Werdens,

Bauens und Gründens, der Bildung und Lebensart, Dichtung und Musik nur haben kann: die Comitissa von Morit-Greifenstein. *Fast alles*, denn Kinder hat sie wohl nicht gehabt – und davon wird noch zu reden sein.

Gestickt, gelesen, musiziert wird sie haben, vielleicht hielt sich ihr Mann als Unterhaltungsprogramm, wie der Graf von Görz, einen Gaukler, der auf der Cythara spielen und das Horn blasen konnte und sein Publikum nach der Art von Pantomimen ergötzte.

Minnesänger und Vaganten werden den Hohlweg von Glaning oder den steilen Burgweg von Siebeneich heraufgekommen sein.

Viermal am Tag wird gespeist worden sein: ein winziges Frühstück, ein ernstliches Frühmahl, Wein und Brot zur „Merenda" und ein reiches Nachtmahl, bis zu 12 Gänge mit Gästen, der Schlaftrunk zuletzt. In der Küche wird es ein Arsenal von *eißern Geschirr* gegeben haben, auch *öhrichte Schüsseln* und *schnauzete Kandeln*, *Bratschlitten*, *Feuerpöckh* und *Dreyfüeß*. An Honig und Zwiebeln, Ingwer und Zimt, Anis und Nelken, Safran und Mandelkern kein Mangel, und Fülle in Truhen und Fässern.

Ein Promi-Treff, hätten die Gazetten heute geschrieben und die Dienstleute nach Details der Verschwendung ausgehorcht und nach dem „Wer mit wem?". Oder ein Ort mit dem Nimbus einer mondänen Luxusvilla wär's gewesen: Nimbus wohlgemerkt, nicht der gewöhnliche Luxus oder jedenfalls nicht, was heute dafür gilt. Und ein politischer Ort zugleich, ein Grafschaftsmittelpunkt, neben dem die alte Talburg Morit bei Bozen am Ort des heutigen Klosters Muri-Gries ganz verblasst.

Eine Burgherrlichkeit wird es gewesen ein, dort oben auf dem Greifensteiner Felsen, mit einer beträchtlichen Anzahl von Bewohnern und Personal, Besatzung und Soldaten. Und keine Rede von vornehmer Abgeschlossenheit und aristokratischer Distanz oder gar Einsamkeit. *Der ganze Tag,* berichtet Ulrich von Hutten in einem lateinischen Brief, *bringt ständige Unruhe und dauernden Betrieb. Äcker müssen gepflegt und umgegraben werden, Weinberge müssen bestellt, Bäume*

gepflanzt, Wiesen bewässert werden; man muss eggen, säen, düngen, mähen und dreschen; jetzt steht die Ernte bevor, jetzt die Weinlese.
Frau Welt ist von Stand und voll lockender Schönheit.
Aber ständig, so hätte auch berichtet werden können, lauert die Begehrlichkeit denen auf, die stattlich sind und hoch oben sitzen, be-sitzen, und da vom Tod nie abgesehen werden kann, dem allgegenwärtigen, weitergeben müssen.
Die Welt ist ein Schauplatz des Kampfes zwischen Erwählung und Verdammnis, und die Seele ruht schon auf Erden in Gott. Der Tod ist nicht Ende, sondern Anfang und beizeiten zu lernen. Der Schutz der Gnade muss daher zu Lebzeiten gestiftet werden: Ewige Lichter, Kirchenfenster, Altartafeln, Kirchenstühle – ein Reliquienkästchen wohl auch aus Gold und Silber, kostbar geziert.
Auch die Gräfin Mathilde stiftet – und sie stiftet gleich einmal ein Kloster, in der Au bei Gries. Auf einer Grabplatte in der Grieser Stiftskirche ist die Stifterin im Relief zu sehen: f VnDatrIX CoMItIssa GreIffenstein. Schlanke, hochgewachsene Gestalt im gefältelten Gewand, die Rechte auf die Brust gelegt, in der Linken das Gründungssymbol, eine zweitürmige Kirche. Mit Porträtähnlichkeit ist nicht zu rechnen, und doch gibt es ein Porträt, treuer als es in Stein gehauen zu werden pflegte: Ein Porträt in Sprache, aus einem lateinischen Brief zu erschließen, auch wenn sie ihn nicht geschrieben, sondern nur diktiert oder gebilligt haben sollte.
Der Brief ist in die alte Heimat gerichtet, nach Tegernsee, wo ihr Verwandter Rupert I., Graf von Neuburg, an dem berühmten Kloster (wo man dem *cantor de Vogelweide* zu seinem Verdruss bloß Wasser statt Wein geben wird), … wo also Rupert ein mächtiger und prächtiger Abt ist. Und Mathilde, ihm ebenbürtig an Rang und selbst Stifterin eines Klosters, eine *hohe frouwe,* wie ein Minnesänger sie sich nicht besser erdichten könnte, und eine gottgefällig fromme dazu, schreibt also ihrem Verwandten, dem Abt, einen solchen Brief:
Wenn es erlaubt sein würde, teuerster Verwandter, dass jemand gegen seinen Verwandten oder Freund Zorn empfindet, so müsste ich zornig

auf Euch sein, der Ihr mich, in vielfältigste Trübsal geraten und aller Hilfe bar, weder zu sehen versucht habt, noch mir irgendeinen Schutz angedeihen ließet. Jedoch da wir nun ein Leben der kleinen Leute führen und wir Elenden den Glanz Eurer Erhabenheit kaum ertragen könnten, wie sollte, Teuerster, ein bisher offenbar unmögliches Zusammentreffen in Zukunft glücken? – Sed quid multa? – Doch wozu das alles? Seid nun also bitte so freundlich, uns unser Euch seinerzeit übermitteltes Reliquiar unverzüglich durch Überbringer dieses meines Schreibens wieder zukommen zu lassen. Falls es bis dato einer Bearbeitung nicht würdig gewesen sein sollte, braucht das Eure Sorge nicht zu sein. Wir haben einen geschickten preiswerten Künstler entdeckt, der das Werk vollenden soll. Bitte, gebt in Eurem Begleitschreiben das Gewicht an Gold und Silber an, um Betrug auszuschließen.

Und nochmals, bitte vergesst das Übrige nicht, was Ihr so großzügig versprochen habt. Es ist Eure Pflicht, das sorgfältig zu erledigen, auf dass uns nichts Unziemliches widerfahre.

Gertrud Sandberger, die den Brief übersetzt und in der Zeitschrift *Der Schlern* kommentiert hat, wählt den Vergleich: Wie in einem Blitzlicht enthülle sich das Geschehen, *Eleganz, Reichtum und abrupt folgende Bedeutungslosigkeit eines Vertreters stauferzeitlichen Establishments, gesehen durch das Temperament seiner Ehefrau* – und (setzen wir dazu) durch die Konsequenzen eines selbstverständlichen Treuegebots, denn was für eine Treue wäre das, die sich in der Gefährdung vergisst?

Ein Brief als Zeitmaschine: Ein mächtiges Paar ohne Kinder, eine politische Konstellation, die dem Bozner Grafen und seiner *Comitissa* gleichsam über Nacht den Verzicht als Herrschaftsräson aufzwingt. Denn Herrschaft ist über den Menschen und muss erhalten werden, da ist der kinderlose Graf des Mittelalters nicht besser dran als der Bauer in einer Geschichte von Ludwig Thoma: Bevor der Hof zuschanden wird, muss er in starke Hände.

Der Greifensteiner – ob wollend oder genötigt oder durch gleichzeitige politische Intrigen noch beschleunigt – verzichtet auf all seine Herrschaftsrechte. Die Andechser stehen bereit und empfangen Arnolds Brixner und Pusterer Ämter, in Bozen raufen die Grafen von Eppan und von Tirol um die fetten Brocken, der Trientner Bischof erwartet seitab seine Chance.

Dem Greifensteiner Ehepaar (schreibt Martin Bitschnau) sei nichts geblieben als ein Leben der *inneren Emigration.* Und Mathildes Brief leuchtet den Sturz aus, den politischen Sturz, müssen wir sagen; die Ehe war intakt geblieben: *In vielfältigste Trübsal geraten und aller Hilfe bar.* Da wird sie bitter, klagt an, auch den Adressaten, aber jammern tut sie nicht. Enttäuschung klingt durch und ist verständlich, aber gleichzeitig auch Selbstironie:

Jedoch da wir nun ein Leben der kleinen Leute führen und wir Elenden den Glanz Eurer Erhabenheit kaum ertragen könnten, wie sollte, Teuerster, ein bisher offenbar unmögliches Zusammentreffen in Zukunft glücken?

Ich hoffe, der Tegernseer Abt hat sich ordentlich geschämt, als er diese Zeilen las, die nur die süffisante Begründung für Mathildes Bitte um das zur Bearbeitung überlassene Reliquiar sind: *Falls es bis dato einer Bearbeitung nicht würdig gewesen sein sollte, braucht das Eure Sorge nicht zu sein.*

Eleganter als durch jeden offenen Vorwurf bringt die Schreiberin den Abt dazu, innerlich zu erröten. Nicht die Spur eines Verdachts, der Abt habe das Reliquiar klammheimlich behalten oder verschlampt, und doch: Lass' dir ja nicht einfallen, mein Freund, mich mit Falschgold abzuspeisen!

Gebt in einem Begleitschreiben das Gewicht an Gold und Silber an, um Betrug auszuschließen, schreibt sie und lenkt die Verdächtigung auf das Transportgewerbe ab: Von Tegernsee an den Eisack ist es weit und Gauner sind auf allen Wegen. (Untriuwe ist in der saze, gewalt vert uf der straze, wird Walther bald klagen.)

Wir haben einen geschickten, preiswerten Künstler entdeckt, der das Werk vollenden soll. Da könnten sich sogar die Tiroler Kunsthandwerker einer frühen Erwähnung und Qualifikation rühmen, und die Schreiberin entzieht sich dem Verdacht, in ihrer Not etwa eine letzte verbliebene Kostbarkeit, die vielleicht dem Kelch von Wilten an Wert nicht nachgestanden hätte, zurückzufordern, um sie etwa zu Geld zu machen.

Sed quid multa? Wozu das alles?, könnten wir mit Mathilde fragen. Da ist sie wieder, die Talkshow-Neugier, die Trost aus dem extremen Schicksal anbietet. Wo Menschen sind, da menschelt's, und die Schläge, die auf andere niedergehen, lindern den Schmerz von den selbst erlittenen.

Was wohl aus ihr geworden ist, der Gräfin im Elend? Hat sie ihr Reliquiar zurückbekommen? Wo ist es geblieben?

Ich vermute, die Greifensteinerin hat den Trost ihrer Zeit gehabt, den Trost der Stifterin, die auf der Grabplatte zum Verwechseln ähnlich ist ihrer nur wenig jüngeren Landsfrau Hedwig, der heiligen schlesischen Herzogin, die freiwillig die Armut wählte, barfuß durch den strengen schlesischen Winter ging, sich kasteite und fastete. Ähnlich auch einer Gottesmutter im Kleid der Zeit.

Da ist es, das eigentümliche, das eigentliche Phänomen jener Zeit, ihre besondere, intensive Geistigkeit, ihr ungemein starkes Bedürfnis nach transzendentaler Aufgehobenheit, ihre spontane, oft mystische Religiosität. Sich Gott weihen: Das höchste Ziel geistiger Anstrengung. Gottesnähe erstreben: Das höchste Erlebnis, das Gefühl, eins zu sein mit dem Kosmos. Der Trost der Stifterin, Trost aus dem Alles ist eitel, das Wissen, das aus dem Bildsymbol der Frau Welt kommt – so wie wenig später Walther in seiner Elegie der Trost zufließt:

diu welt ist uzen schoene, wiz, grüen unde rot,
und innan swarzer varwe, vinster sam der tot.

Und dies andere Wort, wieder vom alten, welterfahrenen und weltenttäuschten Walther:

welt, ich han dinen lon ersehen:
Swaz du mir gist, daz nimest du mir.
wir scheiden alle bloz von dir.

Und so wird die Mathilde des Briefs, die Gräfin im Elend, schließlich ausgelöscht von Mathilde der Stifterin, der Klosterstifterin auf der Grabplatte in der Grieser Stiftskirche. Ihr Glaube, der noch nicht der Glaube der Ablasshändler und Seelenkrämer war und ganz gewiss nicht der billige Trost der Nachmittags-Talkshow, ihr Glaube, so wünsche ich es ihr, möge sie ins andere Leben eingekauft, ihr *der saelden krone,* die ewige Seligkeit erworben haben.

❧ EPITAPH FÜR EINEN HEIMGEKEHRTEN

Ja, sofort würde er zurückkehren! Ein Ausruf war's, 1985, beim Besuch in seinem Haus südlich von München, bei einem langen Gespräch mit dem Ausgewanderten und doch Zugehörigen: Herbert Rosendorfer (1934–2012). Zwölf Jahre später war er zurückgekommen, und es war eine Heimkehr aus der Überzeugung, er gehöre halt einfach hierher, geboren am 19. Februar 1934 in Bozen-Gries, getauft in dieser Kirche, immer die Vision der Mutter im Kopf: *Ich geh zu Fuß nach Bozen!*
1997 also: der Blick des Pensionisten Rosendorfer von seinem ersten Südtiroler Wohnsitz, von seiner Girlaner Terrasse aus, ein wenig skeptisch, ob das denn wirklich gelingen werde mit dem Heimischwerden in dem so früh – mit vier Jahren! – verlassenen Land. Der Vorsatz, bedacht vorzugehen, sich nicht einzumischen, nur zu beobachten. Und 2004, zum Siebzigsten, da war's gelungen: Herbert Rosendorfer war – bis hin zum privaten Briefstempel – daheim angekommen, im Eppaner Reinspergweg und sonst auch, gab Werkmanuskripte, Korrespondenzen, Lebensdokumente und Sammlungen als Teil-Vorlass der Südtiroler Landesbibliothek.
Weit mehr zurückgekehrt, als ich vorher gemeint hatte!, sagte er. Auch die Festschrift zum 70. Geburtstag erschien in einem Südtiroler Verlag, herausgegeben vom Südtiroler Künstlerbund, dessen langjähriges Mitglied und Ehrenmitglied er war.

Als Dank für einen Textbeitrag erhob er die Gesprächspartnerin in seiner peniblen Blautinten-Handschrift zur *Weggefährtin,* eine Art Freundschaft und gegenseitige Wertschätzung bezeichnend, die nicht der ständigen, ja nicht einmal der häufigen Präsenz bedurfte.

Das letzte Zusammentreffen: Einen Monat vor seinem Tod bei einer Theaterpremiere im Unterland, danach erzählte er von seiner liebsten Inszenierung der *Minna von Barnhelm,* bei der Nachfeier gab es nicht viel Gelegenheit zum Reden, er aß ein paar Bissen vom frischen *Plent,* schaute bald nach seiner Mitfahrgelegenheit aus und verabschiedete sich. Es war ihm anzusehen, dass es ihm nicht gut ging. Aber seine Noblesse ließ ihn kein Wesens darum machen. Allenfalls wies er auf eine eben laufende Chemotherapie hin, um zu begründen, warum er beizeiten heimgehe oder – er, der so verlässlich am Südtiroler Kulturleben Teilnehmende – da und dort nicht gewesen sei. Aber so reduziert und schon ein wenig abwesend soll er nicht in Erinnerung bleiben. Anders also.

Er war ja einer mit einem besonderen Verhältnis zur Realität, hochqualifiziert dafür durch ein Leben als Richter, ebenso wie durch ein Leben als Schriftsteller. Er betrachte sich als einen Vertreter der realistischen Literatur, der in surrealistischen Geschichten realistisch schreibe. Der Surrealismus, sagte er, sei ja auch ein Realismus, gerade der. Und: *Ich bin Surrealist, auch in meinen Zeichnungen, gerade da.*

Zu einem Höhepunkt – auch im Wortsinn – des rosendorferischen Schreibens geht die Erinnerung lieber: Da war er im Juni 1999 der Rezitator seines satirischen Monologs *O Tyrol oder Der Letzte auf der Säule* in der Kommende Lengmoos, so hoch über dem Publikum wie die Saaldecke es gerade noch erlaubte, nicht gerade auf der Säule des Styliten, aber auf einem Lese-Turm aus Podium, Tisch und Stuhl, von wo er die Philippika des Tiroler Asketen Simeon Zingerle herabschleuderte, wobei sich das Publikum drunten damit trösten konnte, dass der Autor auf Südtirol mit einem freundlicheren Auge zu blicken pflegte als auf das kitzbühelige Nordtirol, in dem er einen Teil

seiner aufmüpfigen Jugendjahre verbracht hatte, bevor er zu Kunst-
und Rechtsstudium und zum Beruf in München einwuchs.

Gelegentlich hat er übrigens auch gern eine surrealistische Aktion in
Gang gesetzt, um dann zu beobachten, wie die Verwalter der Realität damit umgehen: etwa bei seiner Erfindung der Fortuna-Verkehrs-
GmbH zur Einrichtung eines Sänften-Taxidienstes in der Münchner Innenstadt – in Form eines Antrags durch einen Strohmann an
das Münchner Verkehrsreferat, das dadurch aber in arge Verwirrung
geraten sei, sodass er den Antrag nach ein paar Tagen wieder zurück-
gezogen habe.

Er habe überhaupt kein Problem damit, wenn man ihm *erlogene
Wahrheiten* zuschreibe, ja er bekenne sich sogar dazu, Wahrheiten
zusammenzulügen. Das sei sein Spiel, seine Kunst. Er hätte das
auch noch viel philosophischer sagen können (das enzyklopädische
Wissen dazu hatte er), aber meistens berief er sich bei diesem
Thema einzig auf Johan Huizinga, um sein eigenes Spielen kultur-
theoretisch abzusichern, und er beherrschte es virtuos: Konstruierend und erzählend auf dem höchsten Niveau der kunstvollen
Verschachtelung. Und das zur Freude seiner Leser, unter die sich ein-
reihend der österreichische Schriftstellerkollege Herbert Eisenreich
schon nach dem Erscheinen des ersten großen Rosendorfer-Wurfs
Der Ruinenbaumeister (von 1969) meinte: ... *endlich wieder einmal
ein Buch, bei dem man als Leser zwar der Gefoppte, gewiß aber nicht
der Geprellte ist.*

Herbert Rosendorfer war aber nicht nur ein haarscharfer Erfinder,
sondern auch ein scharfsichtiger Beobachter von Wahrheit: in den
beiden Zuständen der erlogenen Wahrheit und der behübschten Lüge.
Da spielten seine beiden Berufe Richter und Schriftsteller wunder-
bar in- und miteinander.

Gegen die Leut', sagte er einmal, sei er sehr allergisch und glaube
ihnen kein Wort. (Wahrscheinlich hat er für sich auch einmal das
wunderbare bayerische Epitheton eines *Grantscherbm* verwendete,
der er im Grunde selber sei.)

Aber es solle ein Richter eben ein gewisses Misstrauen nicht nur gegen seine rechtsuchenden Parteien, sondern auch gegen das Gesetz haben, gegen die eigene Sphäre, und er habe auch einmal geschrieben, das Wort Gerechtigkeit komme in der Gesetzessammlung des *Schönfelder* nicht einmal vor. Jedenfalls lerne man als Jurist schon ganz am Anfang, dass man nie nur den einen zutreffenden Paragraphen lesen solle, sondern auch den davor und den danach. Aber er sei als Richter sehr gut im Vergleiche-Herbeiführen gewesen. Ein Kompromiss sei ja immer dem Rechtsfrieden am dienlichsten.

Einen Vergleich hat er gewissermaßen auch zwischen seinen beiden Berufen herbeizuführen verstanden. So hat er schon in den 1980er-Jahren in einer grundsoliden Abhandlung im *Rechtshistorischen Journal* an prominenten Beispielen erklärt, dass die juristische Berufspraxis sich direkt proportional zur literarischen Produktion verhalte: Sebastian Brant und Goethe, E.T.A. Hoffmann und Kafka, Novalis und Storm und Tucholsky – lauter untadelige Juristen. Und gar Eichendorff und Grillparzer! Aber diese beiden seien nach der Pensionierung, wenn sie endlich Zeit und Freiheit gehabt hätten, verstummt. Und so wie Eichendorff in einem Brief die Jurisprudenz die Lebensretterin des Musensohns genannt habe, den Schutzschild gegen den *poetischen Rausch,* so habe auch er immer empfunden und keinen Moment daran gedacht, nach der Pensionierung als Richter mit dem Schreiben aufzuhören. Aber in seinen aktiven Zeiten habe er sich durch seine Beamtenpflicht gezwungen gefühlt, nur das zu schreiben, was unbedingt notwendig war.

Es entzückt seine Leser und Verleger, erstaunt seine Erforscher und Bewunderer, entrüstet manche seiner Rezensenten, wieviel da *unbedingt notwendig* war.

Und dann setzte er sich auch noch ein Dutzend Jahre lang hin und schrieb für sich selber in sechs Bänden eine *Deutsche Geschichte* – als seine Geschichte der deutschsprachigen Länder. *Das ist das, wo ich herkomme, und das will ich wissen,* sagte er, aber er sei sich nicht sicher, ob es wichtig sei, dass er das nun gegen Ende seines

Lebens wisse – und mit ins Grab nehme. Er habe ja sogar einmal eine Geschichte geschrieben, in der einer buchstäblich in der letzten Sekunde zu einer Erkenntnis kommt. Und solch eine Erkenntnis, fand er, sei es auch, endlich zu wissen, was einem mit dem schieren Leben geschenkt worden sei.

Die andere wichtige Erkenntnis des letzten Moments, jene, wie das Sterben geht, hat er uns nun voraus, und das ist der eigentlich surrealistische Moment: diese Erkenntnis nicht mehr mitteilen zu können. Es beginnt nun also jene Zeitspanne zu laufen, die Herbert Rosendorfer einmal als das Ziel seines Ehrgeizes benannt hat: Ein Buch zu schreiben, das man vielleicht in 100 Jahren noch kennt. Weil – es sei halt der Traum des Menschen, sein eigenes Leben über den Tod hinaus zu verlängern, also die Hoffnung, dass etwas wenigstens eine Zeit lang übrigbleibe. In diesem Sinne sei er auch neidisch auf Mozart. Aber dabei lachte er. Er sei ja so froh, dass es Mozart und Schubert und Wagner – und sie alle! – gebe, und die Musik überhaupt, jedenfalls das, was er „geordnete akustische Phänomene nannte: Musik, die er nicht nur hörend zu analysieren, sondern auch zu komponieren verstand. Und er hat nun wohl auch Antwort bekommen auf die eigentliche, die skeptische Bitte seines Lebens:

Lieber Gott, ich bitte dich, dass es dich gibt!

❧ DAS LEBEN ALS BLINDFLUG

Gerade als er im April 2008 in Bozen seine *Unverbindlichen Erinnerungen* vorstellte, lief dort im Stadttheater die Komödie *Bunbury* von Oscar Wilde mit dem Untertitel *The Importance of Being Earnest*, in der eine Realität konstruiert wird, an die alle glauben – außer ihren Erfindern.

Ernst von Glasersfeld (1917–2010) war aber kein Erfinder von Gegen- oder Tarnwelten, wie die beiden Protagonisten in Wildes Stück. Er war vielmehr der Ansicht, das Leben sei eine Art Blindflug nach

Instrumenten mit ständigen Korrekturen, und man verhalte sich beim Leben wie ein Pilot im Sturm. Demnach sei Wirklichkeit, was wir uns aus unseren Erfahrungen aufbauen können. In einem zweiten Schritt gelte es dann freilich, das mit seinen Mitmenschen abzugleichen.

Er selbst hat ein Leben gelebt (es bunt zu nennen wäre eine starke Untertreibung), aus dem seine Theorie des Radikalen Konstruktivismus geradezu hervorgegangen zu sein scheint.

Mit Südtirol verbindet ihn auf diesem Lebensweg so einiges, etwa dass er einen Teil seiner Kindheit und einige Etappen seiner Jugend und seines jungen Erwachsenseins in Meran verbracht hat, wo sein Vater Leopold von Glasersfeld in alt-österreichischen diplomatischen Diensten zeitweise akkreditiert gewesen war.

In Meran hat Ernst von Glasersfeld als Journalist der Kulturzeitschrift *Der Standpunkt* auch seine erste „richtige" Anstellung gehabt. Verbindungen aus dieser Meraner Zeit, die so gesehen für seinen späteren Weg gar nicht unwichtig war, haben ihn dann aber erst in Mailand und in den USA zu jenen Erkenntnissen gebracht, für die er heute laut einer Umfrage als der einflussreichste Wissenschaftler der Gegenwart gilt. Besonders auf dem weiten Gebiet der „Science Education".

Wer das von Valentin Braitenberg, Peter Mulser und mir erfundene und 16 Jahre lang betriebene Symposium *Bozner Treffen* in den 1990er-Jahren besucht hat, erinnert sich an Ernst von Glasersfeld vielleicht auch noch als Teilnehmer: Er hat da drei Mal vorgetragen, etwa über wissenschaftliche Fehlbarkeit oder über die Frage, warum wir Menschen sprechen und die Schimpansen nicht, nämlich über die Schimpansin Lana und sein Projekt am Yerkes Center in Atlanta, Georgia (USA).

Da ging es um den Bau eines Verständigungssystems für eine Schimpansin mit einer vereinfachten Sprache aus visuellen Symbolen, einer Tastatur und einem Computer, also auch um eine Art des Übersetzens – und Übersetzen war ja auch die Tätigkeit, durch die Ernst von Glasersfeld in die Wissenschaft geraten war. Das dritte Mal hat Ernst von Glasersfeld 1995 beim *Bozner Treffen* referiert, über *Die Welt als Black Box* – und schon der Titel war eine ordentliche Provokation.

In seinen Bozner Vorträgen war er gewissermaßen der Kontrapunkt zur Realitäts-Sicherheit der Naturwissenschaftler. Es entstand dabei einiges an Reibungshitze, aber Ernst von Glasersfeld blieb stets „cool", freundlich und sanft, sogar als 1990 beim gemeinsamen *Törggelen* in der Stube eines bäuerlichen *Buschenschanks* am Ritten die Hitze des Wortgefechts noch durch die Wirkung des Weins gesteigert wurde.

Es ging natürlich immer um die schon von den Vorsokratikern, aber auch von Vico und Berkeley skeptisch beantwortete Frage, woran man denn eigentlich forsche: an einer Realität, wie sie unabhängig von uns beschaffen wäre, oder an einer Realität,

... die wir aber nicht erkennen können; wir sind nur fähig, uns ein mehr oder weniger dauerhaftes Modell einer Welt zu machen, wie sie uns in unserer Erfahrung erscheint. Die Frage, ob und wie diese Erfahrung mit etwas zusammenhängt, das außerhalb liegt, kann unsere Vernunft nicht ergründen, und darum bleibt sie ein Spielplatz der Mystiker und Metaphysiker.

Man hat mich oft des Solipsismus beschuldigt, weil ich angeblich die Existenz einer von uns unabhängigen Welt leugne. Der Vorwurf ist unbegründet ...

– und an dieser Stelle zitierte Ernst von Glasersfeld gern Vico oder Berkeley: Wir wüssten nicht, was „sein" und „existieren" außerhalb unserer Erfahrungswelt bedeuteten – und er fuhr fort:

Darum verhalte ich mich agnostisch in Bezug auf die Realität, hüte mich aber, sie zu leugnen.

Ich weiß nicht, ob er damals genau diese Worte verwendet hat (die ich hier aus seinen *Unverbindlichen Erinnerungen* zitiert habe), aber es gelang ihm jedenfalls großartig, die anwesenden, prominent vertretenen Physiker herauszufordern, die ein wenig irritiert darauf bestanden, die lebensweltlichen Erfolge ihrer Disziplin in einer real existierenden, nicht in einer konstruierten Realität errungen zu haben. In dieser Hinsicht sind heute sogar die Physiker ein wenig vorsichtiger: Da wirke der Gödel-Schock noch nach, der eine kopernikanische Wende im Selbstbewusstsein nicht nur der Mathematiker ausgelöst

habe. Und dass es Gewissheit immer nur für ein Fragenbündel geben
könne, und dass ein Paradigmenwechsel jederzeit geschehen könne.
Newton habe noch angenommen, es seien Engel, die das Räderwerk
des Universums bewegten.

Und vielleicht geht es den Neurowissenschaftlern genauso, wenn sie
jetzt mit noch feineren Methoden versuchen, die Codes des Gehirns
zu entziffern, um etwa vollständig Gelähmten das „Sprechen" über
gedankengesteuerte Computerprogramme zu ermöglichen. Zwar gibt
es nun erste experimentelle Hinweise darauf, dass in allen Gehirnen
Bilder von Gegenständen verblüffend gleich verarbeitet werden, etwa
wenn ähnliche Signalmuster entstehen, sobald verschiedene Menschen an einen Hammer denken. Aber auch das widerspricht nicht
der Theorie des Konstruktivismus, denn vermutlich haben all diese
Menschen unterschiedliche Hammerbilder im Kopf und konstruieren
ihr individuelles Hammerbild nach den jeweils eigenen Erfahrungen:
der Zimmermann ein anderes als der Goldschmied oder der Arzt, der
die Kniereflexe prüft.

1992, als es uns wieder gelungen war, Ernst von Glasersfeld aus
Amherst/Massachusetts nach Bozen zu locken, hielt er seinen Vor-
trag dann auch über sein Forschungsprojekt an der Schimpansin Lana, unterstützt durch eine filmische Demonstration, auf der
Brunnenburg bei Dorf Tirol. Und wer sich nicht absichtlich dagegen
sperrte, konnte schon damals etwas sehr Wichtiges daraus lernen,
nämlich dass auch mentale Operationen nicht abbildend, sondern
konstruierend sind. (Übrigens ist Ernst von Glasersfeld durch das
Schimpansenprojekt auch in die theoretische Welt Jean Piagets ein-
geführt worden.)

Das Lana-Projekt ist selbstverständlich auch in Glasersfelds *Unverbindlichen Erinnerungen* zu finden, mit Vor- und Nachgeschichte.
Aber die Warnung gilt: Wer anfängt, darin zu lesen, wird sie nicht
mehr weglegen können, wird alles aufschieben, was man eigentlich
tun wollte, und wenn es Abend ist, wird man aus purem Interesse
eine schlaflose Nacht haben.

Aber danach kommt auch unendlich viel Gewinn. Informationsgewinn, dürr ausgedrückt, aber vor allem der Gewinn der zahlreichen Verknüpfungen mit dem eigenen Leben, mit den eigenen Interessen, denn es ist angesichts des „bunten" Lebens von Ernst von Glasersfeld gewissermaßen statistisch unmöglich, keine zu finden. Und zum Schluss bekommt man nebenher noch eine entzückende kleine konstruktivistische Theorie über Zeit und Raum als Encore dazu, samt Selbstversuch:

Reibe den Zeigefinger der rechten Hand am linken Arm entlang, vom Handgelenk bis zum Ellenbogen. Das gibt zwei Folgen von Wahrnehmungen: Aus einer Quelle im rechten Finger wird die ununterbrochene Wiederholung von Kontakt gemeldet. Aus dem linken Arm hingegen meldet eine Reihe von einzelnen Quellen eine Folge von Kontaktpunkten.

Dieser Unterschied, belehrt uns der Experimentator, werde wichtig, wenn eine Wahrnehmung auf die andere projiziert wird: Es entstehe ein Eindruck von einerseits Dauer, andererseits Ausdehnung. Nehme man diese Erklärung an, dann werde klar, dass es nicht eine Metapher, sondern eine grundlose Erfindung sei zu sagen, die Zeit vergehe: *Die Zeit bewegt sich nicht, es sind unsere Empfindungen und Erlebnisse, die aufeinander folgen und darum notgedrungen vergehen.*

Denn: *Unser Weltbild ist immer subjektiv, immer aus eigener Erfahrung aufgebaut, nicht das Abbild einer bereits existierenden Welt. Aber diese Erfahrung findet in einer Welt statt, in die wir geboren werden. Wir lernen damit umzugehen, indem wir uns an ihr stoßen.*

❧ BELCANTO MIT HEIMWEH

Hätte er selbst über sein Leben geschrieben, es hätte ein Roman werden müssen (wie Rudolf Habringer einen über einen anderen musikalischen Auswanderer nach Island, den österreichischen Musiker Victor Urbancic, geschrieben hat). Aber dann ein Roman von und über gleich zwei Menschen in einer Person: Vinzenz Maria Demetz und/oder Sigurður Demetz Franzson.

Nebenbei wäre es ein Roman über Europa geworden, mit ordentlich viel europäischer Binnenexotik. Die haftet, von Italien aus betrachtet, an dessen exotischster Provinz Südtirol ebenso wie an der Vulkaninsel Island, die näher an Amerika liegt und doch „in" Europa – oder vielleicht besser „an" Europa.

Die (nach dem Vereinigten Königreich) größte Insel Europas und größte Vulkaninsel der Welt liegt mitten im Nordatlantik und wird im Norden vom Polarkreis gestreift, ist fünfzehnmal größer als Südtirol, hat aber nur zwei Drittel dessen Einwohner. Islands Hauptstadt Reykjavik im äußersten Südwesten ist ein wenig größer als Bozen. Entsprechend dünn bis gar nicht besiedelt ist der ganze bergige Rest der Insel. Aber über den Talböden und Mittelgebirgsterrassen ist auch das gebirgige Südtirol dünn bis gar nicht besiedelt, und so gibt es vielleicht doch mehr Parallelen zwischen den beiden Ländern, als man auf den ersten Blick annehmen würde. Immerhin sind beide Länder auch durch Mythen geprägt: die Zauberberge der Dolomiten ebenso wie das Land der Sagas.

Vinzenz Maria Demetz (1912–2006) aus St. Ulrich in Gröden kannte diese Parallelen, aber er war auch der Meinung, in Kontinentaleuropa müsse man über Island doch die eine oder andere Fehleinschätzung ausräumen. Die Assoziation von Finsternis und Kälte sei ein schlampiges Vorurteil angesichts der doppelten natürlichen Heizanlage aus Golfstrom und heißen Quellen, und was Island im Sommer kühl bleiben lasse, mache es im Winter weniger kalt als New York oder Wien: sein ozeanisches Klima.

Auf seine zweite Heimat hatte der *Zenz da Fëur aus Urtijëi* sich voll eingelassen, nicht nur in seinem Hauptberuf als Gesangspädagoge in Reykjavik und Akureyri (der Hauptstadt des isländischen Nordens), sondern auch als gesuchter Reiseleiter für deutschsprachige und italienische Touristengruppen. Dafür angeworben hatte ihn die ehemalige Generalsekretärin des Isländischen Reisebüros und spätere Staatspräsidentin Vigdís Finnbogadóttir. Und auf seinen vielen Fahrten durch Island hat sich Vinzenz Demetz auch erst richtig heimisch gemacht, wozu natürlich auch seine isländische Frau Thorey Thordadòttir beigetragen hat, mit der er 1955 nach Island gezogen und seit 1960 verheiratet war.

Er verstand es, mit Fisch und Kochgeschirr umzugehen: seit jeher die Nagelprobe für jeden, der es auf sich nimmt, Reykjavik und die gebahnten Wege durch die Insel zu verlassen. Denn der ganze große Rest jenseits der 21 Prozent an nutzbarer Fläche sind Seen, Lavafelder, Gletscher, Sände und sonstiges Ödland. Was dort zu finden ist, pries Vinzenz Demetz nicht mit dem hohen C des Tenors, sondern mit der Wärme und Bewunderung von einem, der heimisch geworden ist, wo er sich heimisch machen wollte.

Und wie war der Zenz, der Exot aus den Alpen, in diesem Land wirklich eingebettet? Unter Leuten, deren Selbstbewusstsein durch 700 Jahre norwegische und dänische Fremdherrschaft geschärft worden ist?

Akzeptiert, ja, das sei er. *Aber immer a Stapfl drunter!* Und als isländischer Staatsbürger Sigurður Demetz Franzson erzählte er von seinem permanenten Kampf mit der isländischen Sprache, in der er sich bis zuletzt nicht perfekt fühlte. Aber er habe auch nie Zeit für systematisches Sprachstudium gehabt, bei 35 Wochenstunden Gesangsunterricht.

Stolzer als auf sein Isländisch war er jedenfalls auf seine Erfolge als Mentor seiner Gesangsschüler, denen er außer technischem Wissen auch seine wechselvollen Erfahrungen im Umgang mit den Tücken des Belcanto mitgab.

Einige von ihnen hat er gut *untergebracht,* hauptsächlich an Opernhäusern in den USA. Und auch der in Europa bekannteste isländische Heldentenor, Kristján Jóhannsson, gehört zu seinen Schülern. Der ließ es sich auch nicht nehmen, seinem Lehrer 1992 zur Feier von dessen 80. Geburtstag im Ulricher Kongresssaal samt einem isländischen Chor ein Ständchen zu bringen. Tenor und Chor zogen weiter, aber der *Zenz da Fëur* blieb länger in der alten Heimat.

Länger als einen Monat wollte er aber lieber nicht bleiben. *Es isch halt so: Wenn i da bin, denk i aufi, wenn i oben bin, denk i herunter.*

Mit diesem Zwiespalt hatte er zu leben gelernt. Dieses Island, sagte er, gehe einem unheimlich nach – so wie ihm andererseits der Langkofel nachgehe, wenn er droben sei. Und er sei froh, dass er sich überall gut einfügen könne.

Doch dann wurde er doch wieder sentimental: Weihnachten ohne Gröden, ohne Langkofel, Sella, Raschötzerwald, Seiseralm, Mastlé … das sei nicht sein Weihnachten. Es fehlten die Gerüche der blankpolierten Äpfel auf den Schränken, des Weihnachtszeltens, der Hauswürste des Vaters, des Specks und des Weinfasses im Keller.

Als ich Vinzenz Demetz 1990 im Rahmen eines Familienurlaubs in Island besuchte, waren deshalb auch Speck, Schüttelbrot und eine Flasche Magdalener im Gepäck. Aber wir fanden ihn nicht daheim, sondern in einer Klinik nahe Reykjavik. Das Herz hatte *Spergamentln* gemacht. Das akute Stadium war zwar vorbei, aber er war noch Rekonvaleszent. Auf eine Kostprobe vom Mitgebrachten wollte er jedoch keineswegs verzichten. Gleich musste ein wenig Speck aufgeschnitten, ein Stück Schüttelbrot geknuspert und ein Glas Rotwein verkostet werden. Die Krankenschwester schaute zwar ein wenig sonderbar drein, aber sie musste verstanden haben, was die kleine *Marende* am Krankenbett für den Patienten bedeutete: nicht Diätfehler, sondern Therapie.

Kennengelernt habe ich Vinzenz Demetz Mitte der Achtziger in St. Ulrich, und es war eine Art heimatgeschichtliche Wanderung, auf die er mich mitnahm: vom Vaterhaus am Kirchplatz die Hauptstraße entlang. Da sei früher die Fuhrwerks- und Kutschenstation gewesen, erzählte er, und da beim *Adler* habe er Mitte der 1930er-Jahre ein Konzert gegeben, das Folgen für sein ganzes Leben gehabt habe.

Dass der Zenz eine gute Stimme habe, hatte sich schon vor dem Stimmbruch erwiesen, aber in der Kaufmannsfamilie Demetz (der Vater war auch der letzte K.-u.-K.-Bürgermeister von St. Ulrich gewesen) war das kein Thema für den Lebensplan. So landete der Zenz auf italienischen Schulen in Obermais und Rovereto und schließlich in einer Geschäftslehre.

Aber so kaufmännisch eng dachte der Vater denn doch nicht, dass er seinem Vinzenz nicht einen Gesangslehrer zugestanden und für sein erstes Konzert sogar seinen eigenen Anzug geliehen hätte.

Er mag es bald bereut haben, denn der Zenz offenbarte sich dem Hausfaktotum, der alten, *krumpen,* gehbehinderten Moidl: Sänger wolle er werden. Die habe erschrocken abgewehrt: Da müsse er ja in die Stadt! Aber mit dem Vater redete sie doch, und so, dass er nach einem ordentlichen Krach seinen Segen dazu gab. Nur den alten Maestro Narducci, dem der Zenz anvertraut wurde, vereidigte der Vater aufs Kreuz, dass er ihm die Wahrheit sagen müsse über die Aussichten des Sohnes. *Vale la pena!* sei das Ergebnis der Prüfung gewesen. Der ist es wert. Auch der nächste Lehrer, Vincenzo Pintorno, Professor am Mailänder Konservatorium, habe Großes vorausgesagt. *Bezahl mich, wenn Du verdienst!,* habe er angeboten und ihn weitergebildet.

1935 kehrte Vinzenz Maria Demetz von einem internationalen Gesangswettbewerb in Wien mit einem Diplom nach Mailand zurück. Für den weiteren Aufschwung seiner Karriere war der Aufschwung des Fremdenverkehrs in der Grödner Heimat nicht ganz bedeutungslos. 1937 hörte ihn bei einem Konzert in St. Ulrich ein Ehepaar aus Sachsen und legte dem jungen Sänger nahe, nach Dresden zu kommen, wo die nun wiedererstandene Semper-Oper damals eine Drehscheibe des internationalen Opernkults war. Und noch ehe Demetz sich Gedanken über die Seriosität eines solchen Ansinnens machen konnte, kam ein Brief von der Staatsoper – mit bezahlter Reise und einem Angebot zum Vorsingen bei Generalmusikdirektor Karl Böhm. Wenn er von diesem Vorsingen erzählt, ist sein Erinnern so präzis bildhaft, dass zu spüren ist: Dies war ein entscheidendes Erlebnis für ihn. Die Gralserzählung auf Italienisch in einem kleinen Kammerl: Mit Böhm am Klavier habe er sich *wie von Engeln getragen* gefühlt. Und zwei Tage später auf der Bühne und blind vom Licht wieder dasselbe Gefühl. Und der alte Bühnenarbeiter, der ihm in der Wartezeit im schönsten Sächsisch versichert habe, dass er ganz gewiss engagiert werde, in so was hätte er Erfahrung.

Am nächsten Tag hatte Demetz einen Vorvertrag in der Tasche für fünf Jahre und zwei Opern im ersten Jahr. Erster Einsatz am 28. Dezember 1937 mit Maria Cebotari in *Manon*.

Was dann geschah, klingt wie eine gelebte Variante zum Thema der *Traviata:* Bei einem Routineröntgen nach einer Erkältung wird eine Kaverne im linken Lungenflügel entdeckt.

Den Abend seines Debuts erlebt er in einem Sanatorium bei Berlin, wo ihm ein reicher älterer Mitpatient über seine Verzweiflung hinwegplaudern hilft. Über drei Monate wird er dort zubringen, und als er geheilt entlassen wird, sind in Dresden die Türen zu.

Den Sommer 1939 verbringt Vinzenz Maria Demetz daheim in Gröden. Auf der *Schwaig* erholt er sich völlig. Dann kehrt er zurück nach Mailand, studiert weiter, gastiert mit großen Tenorpartien und großen Kollegen und ist 1942 am römischen Teatro dell'Opera di Roma bei Tullio Serafin.

In Rom landet er eines Abends auf einer Nobelgesellschaft im Palazzo Farnese. Karajan ist da! Vinzenz Maria Demetz wird zum Vorsingen eingeladen. Und wieder hat er, mit dem Maestro am Klavier, dieses Engelserlebnis einer schönen Verheißung, während er Puccini singt. Am nächsten Tag ein Anruf vom deutschen Kulturattaché: Karajan habe ihn nach Aachen empfohlen, dort solle er vorsingen. Demetz setzt sich ins nächste Flugzeug, sieht auf der Reise nach Norden die gleißende Marmolata unter sich, hat einen kleinen Unfall auf der Bahnfahrt von München nach Aachen, erscheint mit verbundenem Arm zum Vorsingen und erhält prompt einen Dreijahresvertrag: Erstes Auftreten im September 1943 mit Karajan in der *Bohème*.

Die Zeit bis dahin überbrückt er mit einer Gesangstournee für italienische Arbeiter in Deutschland.

Im Juli 1943 fallen die Bomben auch auf Aachen. Das Theater und die Karriere liegen wiederum in Trümmern.

Über Gröden kehrt Demetz erneut nach Mailand zurück. Die Einberufung zum SS-Regiment Bozen bringt ihn nur an die Propagandafront: Bei den Soldatensendern Mailand und Turin ist Demetz für den Belcanto zuständig und erwirbt sich Live-Erfahrung in vielen Partien. Dem Radio bleibt er auch nach dem Krieg verbunden, zunächst bei Radio Lugano.

1948 ist er an der Scala. Es folgen Auftritte in Barcelona, Venedig, Neapel, Zürich. Immer wieder muss er einspringen für erkrankte Kollegen, immer wieder ohne eine einzige Probe. Bravourarien sind wie Edelsteine, die, einmal gefasst, unverändert bleiben als Schmuckstücke für die Grande Dame Oper. Ihre harte Welt lernt Demetz gründlich kennen.

Einen Abend, bevor er mit Maria Cebotari, seiner gefeierten Partnerin aus dem nicht zustande gekommenen Dresdner Debut, in einer Züricher *Salome* den Herodes singen soll, tritt die schwerkranke Diva endgültig von der Bühne ab.

Der Sprung in die Scala ist immerhin getan. Aber in der Mailänder Oper herrschten damals harte Sitten. Wer sich den diskreten Usancen nicht fügen wollte, wer die knarrenden Tore des Tempels nicht zu schmieren bereit war, dem verschlossen sie sich. Finito!

Ein gewonnener Prozess gegen die Scala war ihm ein geringer Trost. Aber noch harrte er in Mailand aus, betrieb Stimmtraining bei einer altgedienten Scala-Sängerin. Mit ihm trainierte eine Isländerin mit blondem Haar und grünen Augen. Vinzenz Maria Demetz realisierte, dass es auch im hohen Norden ein Musikleben gab.

Im September 1955 hat er in Reykjavik angefangen, mit 15 Schülern und Schülerinnen. Mehr als 35 Jahre lang hat er sie auf die Schönheit und die Tücken des Belcanto vorbereitet. Mit seinem doppelten Heimweh ist er 94 Jahre alt geworden: *Wenn i da bin, denk i aufi, wenn i oben bin, denk i herunter.*

Seine Landsleute da wie dort haben ihn in guter Erinnerung. Die Gesangsschule, die er gegründet hat und die seinen Namen trägt, wird gut besucht und hat einen ausgezeichneten Ruf.

❧ LIEBE AUF ABSTAND

Franz Tumler, 1912 in Bozen geboren, 1998 in Berlin gestorben und dort auf dem Prominentenfriedhof gleich beim Olympiastadion begraben. Die Gemeinde Laas hat ihm 2003 einen liegenden Grabstein aus weißem Laaser Marmor spendiert.

Tumler war als Kleinkind nach dem frühen Tod des aus Südtirol stammenden Vaters 1913 mit seiner österreichischen Mutter nach Oberösterreich gegangen und hat seit den 1960er-Jahren in Berlin gelebt. Mit seinen beiden Vinschgauer Vettern Ernst und Franz Muther (dem Südtirol-Aktivisten) hat er stets Kontakt gehalten.

Im Alter hat er sich zunehmend mit seiner Geburtsheimat beschäftigt, auch auseinandergesetzt mit ihrer Geschichte in dem Roman *Aufschreibung aus Trient* von 1965, in dem Essay *Welche Sprache ich lernte* von 1970 und in *Das Land Südtirol* (Menschen – Landschaft – Geschichte) von 1971.

Franz Tumler, der gleich eingangs betont, er sei *in dem Lande nicht aufgewachsen,* reklamiert für seine Essays über Südtirol *Abstand und freieren Blick bei Zugehörigkeit und Liebe* und begibt sich tief hinein in die Geschichte des Landes, leitet seine kritische Nähe über eine Distanz von mehr als 2000 Jahren her. Bei einem Datum, das in jedem Tiroler Schulbuch steht, setzt er einen Knoten in den Strang der Ereignisse und Gestalten:

Zwei Mächte griffen nach dem Land: die Wittelsbacher wollten den Anschluss an Bayern, die Habsburger brauchten Tirol als Brücke zu ihren schweizerischen Besitzungen. Tirol entschied sich für die Habsburger ... Der 26. Januar 1363 war für die Geschichte Tirols ein folgenschwerer Tag. Vermutlich haben die Teilnehmer der Versammlung in Bozen das nicht vorhergesehen. Es gibt Leute, die behaupten, dass in Tirol alle Voraussetzungen gegeben gewesen seien, dass es ein Staat für sich, wie die Schweiz, hätte werden können. Am 26. Januar 1363 wurde gegen diese Möglichkeit entschieden. Man kann vielleicht sagen: es wurde gegen die Natur des Landes entschieden. Die Verbindung mit dem habsburgischen Österreich brachte das Land in einen politischen Zusammenhang, der alle seine Verhältnisse änderte: das zu Italien, zur Schweiz und zu Bayern. Nach nicht viel mehr als 100 Jahren hatte das Land zwei Aufgebote zu Kriegen hinter sich: zu einem in Venetien, zu einem mit den Randgebieten der Schweiz ... Beide Kriege hatten nicht viel mit den Interessen des Landes zu tun. Sie kamen von den Rivalitäten zwischen der Macht Österreichs und den anderen Mächten.

Und dann schreibt Tumler, er habe nach einem Schlüssel gesucht, wie die Geschichte Tirols in der neueren Zeit als folgerichtiger Zusammenhang entziffert werden könne, und er glaube, ihn gefunden zu haben. *Er erschließt wenigstens die Kriege, in die das Land verwickelt wurde. Diese Kriege haben zwei Gesichter. Sie entstanden aus den europäischen Konflikten des Hauses Habsburg. Für die Tiroler aber waren sie Heimatkriege, derart dass man kaum einen Ort in dem Land findet, der nicht ein solches ‚Kriegs-Andenken‘ hat als ein Ort, wo der Feind eingedrungen war oder man ihn abgewehrt hatte, oder durch ein ‚nicht von der Stelle Weichen‘ bewiesen hatte, wie standhaft man war.*

Bei Übertreibung des Gesichtspunktes könnte man die Tiroler Geschichte als eine Sache für sich betrachten: fast jede Generation hatte ihr Aufgebot an den Grenzen und hatte sich – so sagt man – ‚für das Land geschlagen‘. Dieses Bewusstsein ist in vielen Tirolern lebendig.

Franz Tumler sieht hier die Ursache für jenes *landespatriotische Bewusstsein,* das den Tirolern aus eigenem Antrieb und in der Außenwahrnehmung bis heute anhängt: das Landlibell von Kaiser Maximilian aus dem Jahr 1511, in dem er die Tiroler von aller Verpflichtung entband, außerhalb der Landesgrenzen Kriegsdienst zu leisten.

Dafür verpflichteten sich die Tiroler Landstände, bei Kriegsgefahr zur Verteidigung des Landes vier Aufgebote bis zu 20.000 Mann aufzustellen und zu bewaffnen. In höchster Gefahr wurde zusätzlich der ‚Landsturm‘ aufgerufen: alle noch zu Hause gebliebenen Männer.

Diese Ordnung der Landesverteidigung hatte ihre Wurzel in den zwei Naturen Tirols seit dem 26. Januar 1363. Damals verband sich Tirol mit Österreich, aber es konnte seine natürliche Bedingung, dass es ein geschlossenes Land im Gebirge war, nicht aufheben. Diese Landesnatur kam immer zum Vorschein, besonders im Krieg.

Es folgen drei Beispiele für diese verbriefte Wehrhaftigkeit aus dem 18. und 19. Jahrhundert, wie die Tiroler sich durch, nun, sagen wir einmal, Volksaufstände gegen bayerische und napoleonische Annexionsversuche gewehrt hätten. Und Tumler schließt dann:

Dieser Bericht, obwohl er nur nachgeprüfte Tatsachen enthält, zeigt, wie die zwei Naturen des Tirolers eine Eigenschaft sind, die immer wieder zum Vorschein kommt ... Im Kopf des Mannes arbeitet der Verstand, der ausgerüstet und fähig ist, die Zusammenhänge zu überblicken. Aber irgendwo hat er in sich den landespatriotischen Punkt, für den gut ist, was für das Land gut ist. Das ist aller Ehren wert. Ich führe es als Beispiel für diese Richtung des tirolischen Denkens an, das mit den Dingen von außen oft nicht fertig wird, sie auch nicht will und sich missbraucht fühlt, das aber zu Kraft kommt, wenn es um das eigene Land geht.

Das große Beispiel ist das Jahr 1809. – Aber in dem Hochgefühl, mit dem es als Heldenzeit gefeiert wird, steckt auch ein Stück Kompensation. Ihre Grundfigur ist: Das Land hat standgehalten, die Welt hat es verraten. Das ist nun damals auch tatsächlich geschehen. Aber solche Grundfiguren haben die Neigung, sich zu verfestigen. Man sagt: so war es damals, so ist es auch heute. Das ist eine gefährliche Verfestigung des Denkens, und soviel ich gesehen habe, entgeht man ihr in Tirol nicht leicht. Nur die jüngeren Leute denken neu.

So hat Franz Tumler um 1970 geschrieben. Damals war eine andere *Heldenzeit* (jene der Großkundgebung auf Sigmundskron von 1957 und der unblutigen Sprengstoffanschläge von 1961, mit denen auf die fortdauernde Diskriminierung der Südtiroler durch das „demokratische" Italien hingewiesen werden sollte) noch nicht lange vorbei, das endlich doch gewährte und sehr kontrovers diskutierte *Paket* einer neuen Autonomie für die deutsch- und ladinischsprachige Minderheit gerade erst abgeschlossen. In diesem heiklen

Augenblick wirkt Tumlers Beobachtung durchaus als väterliche Warnung.

Ich sage *väterlich,* weil Tumler eben damals von einem sehr viel jüngeren Kollegen, Norbert Conrad Kaser (1947–1978), als *Vater unserer Literatur und Vater unseres Erkennens* bezeichnet und so zur Vaterfigur einer ganzen aufmüpfigen Literatengeneration gemacht worden war. Diese Formulierung wurde später gründlich entzaubert, als durch wissenschaftliche Arbeiten über Tumler dessen Verstrickung in den literarischen Nationalsozialismus auch in Südtirol öffentlich wurde. In Österreich war Tumlers politisches Vorleben schon vorher zumindest in literarischen Kreisen bekannt. In Südtirol aber habe man sich die integrierende Leitfigur, nach der man so lange verzweifelt gesucht habe, nicht wollen nehmen lassen. Die differenziertere Rezeption Tumlers in Deutschland und Österreich hänge damit zusammen, dass sich Tumler sozusagen in einem *ästhetischen Kraftakt* aus seiner braunen Vergangenheit *herausgeschrieben, freigeschrieben* (Sigurd Paul Scheichl) habe:

Es steht außer Zweifel, dass Tumler durch seine literarischen Verfahrensweisen nachweislich entscheidenden Einfluss auf jüngere Schriftsteller ausgeübt hat, und das kann nicht mehr rückgängig gemacht werden. Wenn man in der Literatur von Verwandtschaftsverhältnissen sprechen will, dann sind diese struktureller Natur. Eine der zentralen Themenstellungen bei Tumler ist beispielsweise die Grenze, und das Sprechen über die Grenze lässt sich bei Kaser wie bei den jüngeren Südtiroler Autoren feststellen ...

Das sagte der aus Südtirol stammende Germanist Elmar Locher *(Die neue Südtiroler Tageszeitung,* 10.3.2000) und warnte davor, „die Komplexität, die Vielstimmigkeit und die Brechungen in seinem Werk vereinfachend zu sehen".

Diese Tugenden des Tumler'schen Schreibens sind auch in seinem „erzählenden Sachbuch" (Klappentext) *Das Land Südtirol* von 1971 zu finden, und sie machen mit der notwendigen Zusatzinformation das Buch zu einer wertvollen literarischen Quelle zur Landeskunde Südtirols.

Im letzten Kapitel seines Buchs ist Tumler wieder einmal bei den Südtiroler Verwandten im Vinschgau und nimmt einen fremdländischdunkelhäutigen Mann mit krausen Haaren wahr, einen Obdachlosen, der von Dorf zu Dorf geht, die Nacht im Armenhaus verbringend, die Mahlzeiten bei den Dorfleuten einnehmend:

Ich habe nicht gewusst, dass ein solcher herumziehender Mensch auch sein Recht hatte, sagt Tumler hier zu seinem Vetter, der ihm Bericht gibt über den Fußgänger und der es merkwürdig findet, dass er auch darüber nicht spricht, warum er immer dieselbe Strecke geht: dieses Hin und Her.

Er erklärte es mir: er geht hinauf bis an den Reschen zum Zollhaus, dort an der Grenze kehrt er um und geht zurück durch alle Gemeinden, die zur Provinz gehören, geht bis zur letzten Gemeinde an der Grenze zum Trentino, dort kehrt er wieder um. Es liegt nicht an seinen Papieren, die sind in Ordnung. Vielleicht liegt es daran, dass es für ihn doch eine weite Strecke ist, für ihn weit genug zu Übersicht und Umkehren, auch zu Abzweigung und Abwechslung, und immer mit dem Recht, sich hinzulegen, weiterzugehen, und Hin und Her ...

Und Tumler wendet die Erzählung des Vetters auf sich selbst an:

Ich habe mir das notiert, und dazu: warum zieht es mich immer hinaus auf die Straße, wo ein Stück Leben ist ... – Da hatte ich zum ersten Mal auch etwas Ungesagtes von meinem Vater verstanden: Bleib nicht, geh hinaus auf die Straße, geh weiter hinaus, komm zurück, aber geh wieder hinaus; und immer so: Nichtbleiben, Hinausgehen, da kommst du zu Leben. Geh, geh; wenn du gehst und sprichst, schneiden deine Wörter die Luft entzwei, und so weit die Luft von Wörtern durchschnitten ist, ist der Mensch gekommen. Die Müdigkeit hält dich nicht auf, Krankheit hemmt dich nicht, und so weit deine Wörter schneiden, bist du voran. Geh nicht schön, wisch dir den Rotz ab, eines Tages bist du in Rom. Schau dir den Fluss an, graues Gebirgswasser, aber es ist Wasser wie zerriebener Stein. Geh, bis dir die Meereswelle den Fuß leckt, den

Sand durchfeuchtet, geh zu Schiff, dann ist das Land ein gefurchtes Terrain, wo du nicht mehr wohnst. Das Land ist voll Namen, aber du hast deinen Weg von den Kursen, Leuchtfeuern, die Türme wie ein Pilz aus Kalk, das Feuer ein Stern, der sich dreht ...

Noch etwas gibt Franz Tumler in diesen Notizen am Schluss zu: dass einer *in dieser Landschaft immer etwas Neues suchen und entdecken wird, und er wird, wie es hier in der Beschreibung nicht zu Ende gekommen ist, auch in der Wirklichkeit vor dem immer unerschlossenen Wunder ihrer Natur stehen und ergriffen werden.*

Das ist immer das Schwierige mit der Landschaft in Südtirol: dass sie so schön ist. So viele verschiedene Reize auf so kleinem Raum, so viele Kontraste zwischen bukolisch-mediterran und dramatisch-hochalpin. Sodass sich, wer darüber schreibt, sehr an die Kandare nehmen muss, sich schützen muss vor dem Pathos, das nur Tourismusprospekte sich herausnehmen dürfen.

Franz Tumlers Verfahren ist es (immer auch auf der Suche nach symbolischer Bedeutung der Landschaft), so nah hinzuschauen, dass der Überschwang durch die Wahrnehmung kleiner, störender Details heruntergebremst wird.

✤ TALAUSWÄRTS

Wer in der Heimat nichts hat, kann sein Brot mit einer Handelschaft außer Landes suchen. Probier es doch, wer weiß, ob du nicht dein Glück finden kannst! Solche Märchenworte ruft der alte Görg dem 10-jährigen Tiroler Waisenknaben Peter Prosch zu. Er wolle ihm auch Bürge sein, sodass der kleine Wanderhändler in spe bei einem Theriak- und Ölfabrikanten heilsame Volksmedizin als Handelsware kaufen und außer Landes gehen könne als ein herumlaufender Ölträger, der Salben, Tinkturen und wohltuende Öle anbiete.

Der Verkauf von medizinischen Hausmitteln für Mensch und Tier war einst ein einträgliches Geschäft, nicht nur für Wanderhändler aus den Dörfern des armen und übervölkerten Zillertals und nicht nur für Ölträger, die an ihrer Ware einen ordentlichen Schnitt von 30 bis 50 Prozent auf den Einkaufspreis verdienten. In Robert Büchners umfangreichem Werk über die Tiroler Wanderhändler wird auch Justus Möser mit einem Zitat aus dessen *Patriotischen Phantasien* erwähnt. Danach kamen Tiroler auch mit sogenannter „niedlicher Ware" weit herum, mit *Ohrringen, Zitternadeln, Halsgeschmeiden, Bouquets* und anderen Galanteriewaren, Strümpfen, Handschuhen, Tüchern und Bändern.

Man schreibt das Jahr 1754, als der Zillertaler Bub Peter Prosch sich zum ersten Mal *ins Baiern* aufmacht. 35 Jahre und viele Reisen durch ganz Mitteleuropa später und berühmt als närrischer *Hoftyroler*, beschreibt er sich selbst als endlich sesshaften *Handschuhhändler, Bierwirt, Brandweinbrenner und Vater von sechs Kindern,* der zum krönenden Abschluss seiner Reisen in Paris noch von der Königin Marie Antoinette empfangen worden sei.

Peter Prosch war zwar der berühmteste, aber durchaus nicht der einzige Original- oder Hoftiroler. Von dieser Art war auch Emanuel Schikaneders literarische Erfindung, der *Tyroler Wastl*, der im gleichnamigen Volksstück von 1796 seiner Wiener Verwandtschaft, vornehm blassgesichtigen Wiener Stadtfräcken, die Meinung sagt und die Köpfe zurechtrückt. Da verbreitet er die Botschaft vom freundlichen Leben im fernen Tirol als Remedium gegen städtische Verlogenheit und Korruption. Es sind Sentenzen wie diese, die der *Tyroler Wastl* und seine Bühnenkollegen verbreiten:

Man kann in keiner Kirchen so frumm beten, als dort auf'n Berg, so nah dem blauen Himmel und mitten unter die grean Tannabam.

Eigentlich müsste er als Tiroler ein *Waschtl* sein, aber Schikaneder ist ja auch kein Tiroler, sondern ein gestandener Bayer aus Straubing und Regensburg, der Theater machte, wo immer man ihn ließ: in Augsburg, in Salzburg, wo er Vater und Sohn Mozart kennenlernte, und vor allem in Wien, wo er für Wolfgang Amadeus Mozart das Libretto zur *Zauberflöte* (1791) geschrieben und das wunderbare Theater an der Wien gegründet und sogar ein *Schlössl* in Nussdorf besessen hat, bevor er kriegshalber 1811 sein ganzes Vermögen verlor und ein Jahr später geistig verwirrt im Wiener Alsergrund gestorben ist.

Ich erinnere mich aus meiner Kindheit nahe der Grenze zwischen Bayern und Tirol sehr gut an gelegentliche halb scherzhafte Geplänkel, bei denen Bayern auf das beliebte Tiroler Schimpfwort *Du Boarfack!* mit *Du routbackada Tiroier!* herausgaben. Erst seit ich von den Tiroler Wanderhändlern und vom *Tyroler Wastl* weiß, kann ich mir erklären, warum das Rotbackig-Sein eine Sottise darstellen sollte, denn Gesichter hatten in der Mozart-Zeit unbedingt blass zu sein.

Als Peter Prosch 1804 ansässig und angesehen stirbt, macht sich ein anderer Tiroler Reisender gerade erst auf, seine Bestimmung zu finden: der Mechaniker Christian Joseph Tschuggmall, geboren 1785 in Wenns im Pitztal, gestorben 1845 in Michelstadt im Odenwald. Er wird, nach Wander- und Lehrjahren bei Kunsttischlern, Uhr- und Büchsenmachern, als Köhler und Seifensieder, vom Brixner Fürstbischof Franz Karl Laudon (der mit seinen bizarren Leidenschaften für Uhren und Krippen noch gut ins alte höfische Regime passt) an ein besonderes Kunsthandwerk gesetzt: die Verfertigung von mechanischen Figuren, von kleinen Maschinenmenschen, die er in den szenischen Zusammenhang einer Zirkusvorstellung mit Kunstreitern, Akrobaten und Lustigmachern fügt.

Mit diesem mechanischen Figurentheater ist Tschuggmall dann samt Frau und Kindern bis zu seinem Tod durch die ganze Habsburgermonarchie, durch Italien und Deutschland, nach Ungarn und Galizien und tief hinein ins Zarenreich bis nach Kiew, Nischni Nowgorod und Kasan gezogen.

Während die Tiroler Wanderhändler auf ihren Handelsreisen meist das anboten, was andere hergestellt hatten, bot Tschuggmall gegen Geld, Ruhm und gelegentlich fürstliche Geschenke an, was er selbst mit bischöflicher Unterstützung, breitem Detailwissen und unendlicher Geduld nach dem heuristischen Prinzip von Versuch und Irrtum verfertigt hatte.

Für sie alle war ihr Reisen alles andere als ein Vergnügen, vielmehr reisten sie mühselig zum Vergnügen anderer, die das Reisen nicht nötig hatten, um ihr Auskommen zu finden.

Eine Extremgestalt unter den reisenden Tirolern war schließlich Maria Faßnauer, die Riesin von Ridnaun, reisende Attraktion, betreut von ihrem Impresario, gegen Geld ausgestellt zu seinem und ihrem Erwerb und Auskommen, also gewissermaßen eine Wanderhändlerin ihrer selbst.

Zu ihrer kurzen Lebenszeit von 1879 bis 1917 war das Reisen zu Vergnügungszwecken – wenn es auch für sie selbst kein Vergnügen gewesen sein kann – bereits von adeligen und großbürgerlichen Schichten herabgesunken in jenen Mittelstand von Reisenden, der sich immerhin eine Sommerfrische im Gebirge oder an der See leisten konnte. Und als sich der Gebirgstourismus von den noblen Schweizer Alpenorten auch in die preiswerteren bayerischen und österreichischen Alpen herabzulassen begann, kam endlich auch – Gossensass und Brennerbad waren schon dem Nobeltourismus eingebürgert – das *hinterberglerische* Ridnaun zu seinem Fremdenverkehr und die Riesin von Ridnaun zu ihrer Entdeckung.

Zwar hatte das Tal nordwestlich von Sterzing am Südabhang der Stubaier Alpen auch vor der Riesin schon einen Superlativ – eines der höchstgelegenen Bergwerke in Europa, am Schneeberg auf bis zu 2700 m Seehöhe, und das am längsten fördernde Erzbergwerk der Alpen –, aber der ist im letzten Viertel des 19. Jahrhunderts ein nicht recht wahrgenommener Superlativ. Die Riesin aber stammt vom höchsten Hof des Tals auf über 1500 m Höhe (wieder ein Superlativ!) und ist mit sieben Jahren schon so groß wie ihre Mutter, mit 12 einen Kopf größer als der Vater und so schwer wie eine *Kalbin*.

Herrgott, lass die Moidl aufhören zu wachsen!, werden sie daheim oft einen Stoßseufzer getan haben. Der Herrgott aber lässt die Mariedl und den Fremdenverkehr weiterwachsen, und so wählen nun die Touristen vielleicht häufig ihre Wanderwege so, dass sie auch am Staudnerhof vorbeiführen, bitten vielleicht um einen Becher Wasser (obwohl sie doch am Hofbrunnen trinken könnten), nur um einen Blick auf das Riesenmädchen werfen zu können.

Und manche sind auch keine Touristen, sondern tun nur so, während sie in Wirklichkeit Schausteller und dergleichen Unternehmer sind und schon vor Jahren im *Tiroler Volksblatt* einen Zeitungsbericht über das größte Schulkind der Welt gelesen haben. Sie wollen kein Wasser von der Riesin, sondern die Riesin selbst gegen Bezahlung und Verpflegung und Aufwand für eine normalwüchsige Begleiterin, was die Armut im Elternhaus wesentlich mildern werde, sagen sie alle.

Schließlich ist es so weit, 1906 wohl. 1907 jedenfalls ist die Ridnauner Riesin bereits eine öffentliche Person. Wenn auch der Pfarrer dagegen gewesen sei, habe der Impresario schließlich gewonnen – und Mariedl ging hinaus, um die Welt zu erleben. Nicht zu erobern, was die erwartbarere Metapher wäre, wenn jemand so märchenhaft in die Welt hinauszieht.

Und was sind das nun für Erlebnisse und Erfahrungen, die Maria Faßnauer *in der Welt* macht?

Immer stehen und die Tiraden der Rekommandeure anhören:

Kommen Sie, kommen Sie, meine Herrschaften! Treten Sie heran! Hier sehen Sie Mariedl, die Riesin aus Tirol: 26 Jahre alt (29 Jahre, 32 Jahre), 2 Meter 40 hoch (2 Meter 37, 2 Meter 42). Gewicht 400 Pfund (386 Pfund, 412 Pfund), Handschuhnummer 16 (14, 18), Stiefelnummer 68 (66, 70), schon ihr Urgroßvater war ein Tiroler Riese ...

Stehen auf den schmerzenden Beinen, die sie mit Leintuchfetzen umwickeln muss, damit die Beingeschwüre nicht durch die Strümpfe nässen. Nur kurz darf sie im Sitzen ausruhen und zu den Mahlzeiten:

... und zum Frühstück gewöhnlich 18 Eier, 1 Dutzend Brötchen, 3 Kannen Kaffee, 1 Teller Schinken und eine große Schüssel Kompott!

Was die Rekommandeure so alles daherschwadronieren! Aber eine sitzende Riesin will kein Unternehmer ausstellen. Ausstellen heißt es, nicht aussitzen, das leuchtet ihr ein, obwohl sie ja immer ausgestellt und zugleich ausgesetzt ist.

Die unter ihren Betrachtern, die sich wirklich in sie hineinzudenken versuchen, sind nicht die Gaffer, sondern die Dichter. Etwa der junge Prager Schriftsteller Franz Werfel, der als 20-Jähriger die Schaustellung einer Riesin erlebt. Da wären wir also im Jahr 1910, zur besten Schaustellungszeit der Ridnauner Riesin. Es könnte also sie gewesen sein, über die Werfel schreibt. Sein früher dialogischer Text, kaum vier Buchseiten lang, ist dicht gepackt mit Assoziationen, die sich in einem kulturgeschichtlich beschlagenen und sensiblen Menschen beim Anblick einer leibhaftigen Riesin einstellen können:

Schwester, Schwester! Ist es möglich? In dieser Stunde tagen Parlamente und eine Jungfrau macht vierzehn Kreuzelstiche. Und Du gehst hier herum, unsicher von Sitz zu Sitz. Und hast ein ungeheures Schicksal auf Dir und lächelst und stöhnst nicht zu den Wolken! ... Du bist und Luft ist um Dich und keiner kann sich in Deine Augen ergießen. Wie kommst Du dazu, eine Riesin zu sein, wie komme ich dazu, ein Dichter zu sein? So können wir beide nicht einmal den Tanz der anderen Einsamkeit mittanzen ... – Warum werde ich Dich nicht bei der Hand nehmen, Schwester, und mit Dir auf die Wiese gehen und etwas Schönes zum Weinen tun.

Heute müssen sich Riesinnen nicht mehr verstecken, und auch unter Männerfantasien scheinen sie nicht mehr auffällig zu leiden. Sehr wahrscheinlich sind sie auch gesünder oder medizinisch effizienter betreut als die Riesin von Ridnaun, die bald nach ihrer Rückkehr in ihr Heimattal am 4. Dezember 1917 gestorben ist, im 38. Lebensjahr, an der Wassersucht, wie man diese Folge einer Herzinsuffizienz damals nannte. Ihr Grab im Friedhof von Ridnaun ist unauffällig, ein kleines Grab unter vielen. Ihre Wiederauferstehung im Dienst des Fremdenverkehrs ist dagegen auffällig und vollständig – bis hin zur originalgroßen Modellpuppe im Riesinnengewand, mit Schuhen und Fingerring, und zu hölzernen Anverwandlungen für Besucher des Ridnauner Bergwerksmuseums, zu Exkursen auf Hotel-Websites und zu naiven Nacherzählungen der Mariedl-Story in Internet-Blogs.

Das muss uns weder erstaunen noch empören: Wir wollen ja immer vergleichen, um unseren Ort in der Welt zu finden, und da ist das exorbitant Große und das unfassbar Kleine (vom Weltall herunter bis aufs subatomare Niveau) immer ein Faszinosum – und wir Normalmenschen sind da schön in der Mitte, auch das ist das Anthropozentrische an unserem Weltbild.

❧ VOM HUNGER IM KOPF

Selbst eingewandert und hiergeblieben, habe ich immer wieder bei den anderen nachgefragt, bei denen, die gegangen und außer Landes geblieben sind. Was sagen die zu ihrer Befindlichkeit, über *herinnen* und *draußen?*

Der Definition nach sind sie *Heimatferne, die in Südtirol geboren sind und mindestens vier Jahre ihren Wohnsitz hier hatten, aus Arbeitsgründen jedoch einen fortlaufenden Auslandsaufenthalt von drei Jahren nachweisen können, weiters deren Familienmitglieder und Nachfahren, sofern sie ihren Wohnsitz im Ausland haben.*

Das ist eine Definition, wie ein Gesetz sie braucht, weil ja aus dem Status Ansprüche entstehen: *Die Zugehörigkeit zu dieser Zielgruppe ist Voraussetzung für die Gewährung der Rückvergütungen bei Rückwanderung sowie für die finanzielle Unterstützung beim Besuch von Sprachkursen für das Erlernen einer der Südtiroler Landessprachen oder der Sprache des Einwanderungslandes.*

Von irgendwelchen Befindlichkeiten ist nicht die Rede, obwohl das Wort Heimatferne doch auch aufs Gemüt zielt und am Gemüt zieht: Heimatferne sind zwar weggegangen aus ihrer schönen Heimat, bleiben ihr fern, hängen aber nach wie vor an ihr, eine Beziehung wie ein Gummiband. Neuerdings nimmt man einen sachlicheren Begriff zu Hilfe: *Südtiroler in der Welt.*

Heimatferne: Da spielt auch noch das schmerzliche Kapitel der *Option* von 1939 herein, das Auswandern müssen als Massenphänomen.

Probleme entstanden, die bis in die jüngste Vergangenheit hinein fort-
bestanden: Wie etwa kommt einer zu Recht und Geld, der erst als Soldat
Italiens in Abessinien war, dann per Option nach Nordtirol abwanderte
und fürs Deutsche Reich Wehrdienst leisten musste, nach dem Krieg
in der Schweiz arbeitete und als Pensionist wieder nach Österreich
zurückgekehrt ist? Es ging um Rente und Pension, um Wehrdienst und
Staatsbürgerschaft, um Namensänderung und Berufstitel.

Als Johannes Messner (1930–2021), der spätere Diözesanassistent
für Heimatferne im Katholischen Verband der Werktätigen Südtirols
(KVW), anfing, sich um seine ausgewanderten Landsleute zu küm-
mern, war er Theologiestudent in Rom. Dort lebten in den 1950er-
Jahren viele Mädchen aus Südtirol als Haushaltshilfen. Die Kartei für
Arbeitgeber (bis hinauf zum Botschafter), die sich *una Tirolese* fürs
Hauswesen wünschten, habe 600 Adressen ausgewiesen, erzählte er
mir einmal, als wir im Brixner Krankenhaus Zimmernachbarn waren.
In der anderen Richtung wanderten meist ungelernte Arbeitskräfte
mit landwirtschaftlichem Hintergrund aus Südtirol dem deutschen
Wirtschaftswunder nach. Per Autobus ins Ruhrgebiet und dann unter
Tage. Und für die Freizeit die Schuhplattlergruppe der Landsleute.

Ab 1955 waren es dann vor allem aktuelle lokale Beschäftigungs-
krisen (zum Beispiel in der Pustertaler Holzindustrie der 1960er-
Jahre) und tiefgreifende Strukturveränderungen, etwa in der Land-
wirtschaft, die Arbeitskräfte „freisetzten" zum Auswandern. Die
könnte man demnach glatt Wirtschaftsflüchtlinge nennen.

Bald aber galt schon nicht mehr, dass nur Ungelernte in die Ferne
zogen. Ein signifikanter Anteil der Auswanderer hatte bereits daheim
eine Ausbildung genossen und ging fort, um mehr zu verdienen
und höher aufzusteigen. Wo sich diese Heimatfernen niederließen,
erarbeiteten sie sich oft rasch Vertrauenspositionen, nicht zuletzt
wegen ihrer Italienischkenntnisse, die ihnen besonders in den damaligen Gastarbeiterländern Deutschland, Österreich, Schweiz beruf-
liche Vorteile verschafften, weil sie dort zwar dem Pass nach, nicht
aber nach Sprache und Mentalität „Ausländer" waren.

Bei den Akademikern, hieß es in der Heimatfernenstelle, gebe es die größten Dunkelziffern. Die ließen sich überhaupt schwer ansprechen. Sei es, dass sie sich wegen des hohen Spezialisierungsgrades ihrer Berufe von Anfang an stärker auf dauerhaften Verbleib außerhalb Südtirols einstellten, sei es, dass sie dort von Anfang an eine weitgehende Integration anstrebten. Kontakt mit Südtirol suchten und fänden sie im Urlaub daheim, nicht in den Südtiroler Vereinen.

Mich haben seit Langem jene heimatfernen Menschen aus Südtirol interessiert, deren Heimatbezug auch nach Jahrzehnten der Abwesenheit fortdauert und die ihre Herkunft nicht in einer Vereinsstruktur pflegen wollten, allenfalls und neuerdings in einem so lockeren, digitalen Gebilde wie im Netzwerk *Südstern*. Sie sind weltläufig geworden, aber bei allen spielt Südtirol noch eine Rolle:

Er habe gelernt, sich an vielen Orten zu Hause zu fühlen, weil es sein Beruf sei, sagt der Hoteldirektor.

Wenn sie genauer hinschaue auf dieses Wort Heimat, sagt die Biologin, dann verenge sich sein Gehalt immer mehr, bis nur mehr der Blick aus dem Fenster des Elternhauses in den Garten der Kindheit übrig bleibe. (Also was man in meiner Heimat ein *Hoamatl* nennt.)

Daheim auf Besuch: Glockenläuten und reden hören, sagt der Physiker. Es seien die vielen kleine Fetische, die Heimweh machen.

Sie sei fortgegangen, weil sie in der gefühlten Enge der Heimat einen Traum von der Weite gehabt habe, sagt die Künstlerin. Aber als der ausgelebt gewesen sei, sei die Weite enger und die Enge weiter geworden.

Er vermute überhaupt, sagt der Soziologe, die Tiroler hätten ein Identitätsproblem. Heimweh? Was, bitte, tue einem denn da weh?

Daheimsein: Das liege in der Sprache, sagt die Germanistin. Die Distanz fördere dieses Daheimsein.

Heimweh? Heimweh sei unproduktiv, sagt der Musiker, und daher zu bekämpfen wie Zahnweh. Und überhaupt: *Heimat ist da, wo ich mitwirken kann.*

Aber auch das wäre möglich und belegbar, dass Heimweh eine gewisse Qualität der Trennung von der Heimat spiegelt. Belegbar bei Heinrich Böll, in seiner zweiten Frankfurter Poetikvorlesung: *Ein Land ist bewohnt und bewohnbar, wenn einer Heimweh nach ihm empfinden kann.*

Hunger im Kopf, verbrüdert mit Neugier aufs Anderswo. Eine Dichotomie, mit der die meisten Ausgewanderten leben können. Wer weggehen mag, ist besser dran als wer weggehen muss.

Oder ist bei manchem der Aufbruch in die Fremde doch wieder eine Art Weggehen-Müssen, weil die Heimat befremdlich empfunden wird? Weil man sich daheim womöglich überhaupt nicht spürt vor lauter Daheimsein? Wie also haben Menschen, die offenbar hohe Ansprüche an sich stellen, für sich selbst das Spannungsverhältnis zwischen territorialer Bindung und Bewährung in der Ferne unter oft großem Konkurrenzdruck gelöst?

Das schlüssigste und umfassendste Resümee eines Auswanderers über sein Verhältnis zur Geburtsheimat hat für mich immer noch Franz Tumler gegeben:

Abstand und freierer Blick bei Zugehörigkeit und Liebe.

Zum Weiterlesen

Die Vergessenen von Lusern. Erinnerungen des Matthäus Nicolussi, eingeleitet und mit Anmerkungen versehen von Josef Rampold, Bozen, 1998

Bauernhöfe in Südtirol, Bestandsaufnahme 1940–43, Band 1 Ritten, hrsg. Helmut Stampfer, Bozen, 1991

Peter Gendolla: *Zeit. Zur Geschichte der Zeiterfahrung,* Köln, 1992

Robert Büchner: *Tiroler Wanderhändler,* Innsbruck, 2011

Peter Prosch (erstmals erschienen 1789): *Leben und Ereignisse des Peter Prosch,* München, 1964

Inga Hosp: *Tschuggmall oder das Leben durch Maschinen,* Innsbruck, 1995

Samantha Schneider/Inga Hosp: *Die Riesin von Ridnaun,* Bozen, 2001

Ulrike Kammerhofer-Aggermann: *Reisen war kein Vergnügen* (in: Sommerakademie Volkskultur, 1994)

Midas Dekkers: *Von Larven und Puppen,* 2003

Lovis Corinth: *Terrasse in Klobenstein,* Gemälde, Kunsthalle Hamburg

Ludwig Bemelmans: *Hotel Bemelmans,* 1946

Ludwig Bemelmans: *Tell Them It Was Wonderful,* 1987

Ludwig Bemelmans: *Hotel Splendide,* 1941

Robert Wernick: *The Man Who Dreamed Up Madeline,* Smithsonian Magazine, 1998

Otto Julius Bierbaum: *Eine empfindsame Reise im Automobil,* 1903

Otto Flake: *Es wird Abend,* Frankfurt M., 1980

Otto Flake: *Sommerroman* und *Die Scheidung,* Frankfurt/M., 1985

Zu (Johann) Carl Wendelin Anreiter: *Alessandro Biancalana,* „Schlern", 2/2000, S.81ff.

Herbert Rosendorfer: *Oh Tyrol oder Der Letzte auf der Säule,* München, 1985

Ernst von Glasersfeld: *Unverbindliche Erinnerungen,* Bozen, 2008

Franz Tumler: *Aufschreibung aus Trient,* Frankfurt/M., 1965

Franz Tumler: *Welche Sprache ich lernte,* Berlin, 1970

Franz Tumler: *Das Land Südtirol,* München, 1971

Bibliografische Information
der Deutschen Nationalbibliothek
Die Deutsche Nationalbibliothek verzeichnet diese
Publikation in der Deutschen Nationalbibliografie;
detaillierte bibliografische Daten sind im Internet
abrufbar: http://dnb.d-nb.de

CÄCILIA LOBIS-MIAN, geboren 1951 in Bozen, Studium der
Mathematik und Physik, unterrichtete an Mittelschulen.
Fortbildung in Workshops bei bekannten Fotografen.
Gemeinschafts- und Einzelausstellungen im In- und Ausland.
Sie lebt in Bozen und am Ritten.

1. Auflage 2024
© Athesia Buch GmbH, Bozen

Fotos: Umschlag Bildarchiv Athesia-Tappeiner-Verlag, Innenteil Cäcilia Lobis-Mian, Bozen
Design & Layout: Athesia-Tappeiner-Verlag
Bildbearbeitung: Typoplus, Frangart
Druck: Finidr, Tschechien
Papier: Innenteil Maestro Print

Gesamtkatalog unter
www.athesia-tappeiner.com

Fragen und Hinweise bitte an
buchverlag@athesia.it

ISBN 978–88–6839–797–5
ISBN 978–88–6839–802–6 (e-Book)

MIX
Aus verantwortungs-
vollen Quellen
FSC® C014138

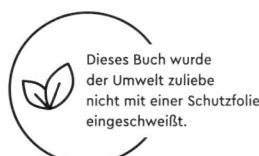

Dieses Buch wurde
der Umwelt zuliebe
nicht mit einer Schutzfolie
eingeschweißt.